● 生态文明法律制度建设研究丛书

国家出版基金项目
NATIONAL PUBLICATION FOUNDATION

激励与约束：
环境空气质量生态补偿法律机制

JILI YU YUESHU
HUANJING KONGQI ZHILIANG SHENGTAI BUCHANG
FALU JIZHI

龚　微 ● 著

重庆大学出版社

图书在版编目（CIP）数据

激励与约束：环境空气质量生态补偿法律机制 / 龚
微著 . —— 重庆：重庆大学出版社，2023.1
（生态文明法律制度建设研究丛书）
ISBN 978-7-5689-3805-1

Ⅰ.①激… Ⅱ.①龚… Ⅲ.①环境空气质量—补偿性
财政政策—环境保护法—研究—中国 Ⅳ.① D922.684

中国国家版本馆 CIP 数据核字（2023）第 073186 号

激励与约束：环境空气质量生态补偿法律机制

龚 微 著

策划编辑：孙英姿 张慧梓 许 璐
责任编辑：张红梅 杨 扬　　　版式设计：许 璐
责任校对：刘志刚　　　　　　　责任印制：张 策

*

重庆大学出版社出版发行
出版人：饶帮华
社址：重庆市沙坪坝区大学城西路 21 号
邮编：401331
电话：（023）88617190 88617185（中小学）
传真：（023）88617186 88617166
网址：http://www.cqup.com.cn
邮箱：fxk@cqup.com.cn（营销中心）
全国新华书店经销
重庆升光电力印务有限公司印刷

*

开本：720mm×960mm　1/16　印张：13.75　字数：188 千
2023 年 1 月第 1 版　　2023 年 1 月第 1 次印刷
ISBN 978-7-5689-3805-1　定价：78.00 元

丛书编委会

主　任：黄锡生

副主任：史玉成　　施志源　　落志筠

委　员（按姓氏拼音排序）：

邓　禾　　邓可祝　　龚　微　　关　慧

韩英夫　　何　江　　卢　锟　　任洪涛

宋志琼　　谢　玲　　叶　轶　　曾彩琳

张天泽　　张真源　　周海华

作者简介

　　龚微，男，湖南湘西人，法学博士、博士后，西南大学法学院教授，兼任中国自然资源学会资源法学专业委员会常务理事，重庆市法学会环境资源法学研究会常务理事兼副秘书长等；主要研究领域为环境法、国际法；主持完成国家社会科学基金项目两项，中国博士后科学基金面上资助项目一项，其他省部级课题二十余项，在法学 CSSCI 来源期刊和核心期刊上发表论文二十余篇，已出版专著两部，参编教材三部。

总　序

"生态兴则文明兴，生态衰则文明衰。"良好的生态环境是人类生存和发展的基础。《联合国人类环境会议宣言》中写道："环境给予人以维持生存的东西，并给他提供了在智力、道德、社会和精神等方面获得发展的机会。"一部人类文明的发展史，就是一部人与自然的关系史。细数人类历史上的四大古文明，无一不发源于水量丰沛、沃野千里、生态良好的地区。生态可载文明之舟，亦可覆舟。随着发源地环境的恶化，几大古文明几近消失。恩格斯在《自然辩证法》中曾有描述："美索不达米亚、希腊、小亚细亚以及其他各地的居民，为了得到耕地，毁灭了森林，但是他们做梦也想不到，这些地方今天竟因此成了不毛之地。"过度放牧、过度伐木、过度垦荒和盲目灌溉等，让植被锐减、洪水泛滥、河渠淤塞、气候失调、土地沙化……生态惨遭破坏，它所支持的生活和生产也难以为继，并最终导致文明的衰落或中心的转移。

作为唯一从未间断传承下来的古文明，中华文明始终关心人与自然的关系。早在5000多年前，伟大的中华民族就已经进入了农耕文明时代。长期的农耕文化所形成的天人合一、相生相克、阴阳五行等观念包含着丰富的生态文明思想。儒家形成了以仁爱为核心的人与自然和谐发展的思想体系，主要表现为和谐共生的顺应生态思想、仁民爱物的保护生态思想、取物有节的尊重生态思想。道家以"道法自然"的生态观为核心，强调万物平等的公平观和自然无为的行为观，认为道是世间万物的本源，人也由道产生，是自然的组成部分。墨家在长期的发展中形成"兼相爱，交相利""天志""爱无差等"的生态思想，对当代我们共同努力探寻的环境危机解决方案具有较高的实用价值。正是古贤的智慧，让中华民族形成了"敬畏自然、行有所止"的自然观，使中华民族能够生生不息、繁荣壮大。

中华人民共和国成立以来，党中央历代领导集体从我国的实际国情出发，深刻把握人类社会发展规律，持续关注人与自然关系，着眼于不同历史时期社会主要矛盾的发展变化，总结我国发展实践，从提出"对自然不能只讲索取不讲投入、只讲利用不讲建设"到认识到"人与自然和谐相处"，从"协调发展"到"可持续发展"，从"科学发展观"到"新发展理念"和坚持"绿色发展"，都表明我国环境保护和生态文明建设作为一种执政理念和实践形态，贯穿于中国共产党带领全国各族人民实现全面建成小康社会的奋斗目标过程中，贯穿于实现中华民族伟大复兴的中国梦的历史愿景中。党的十八大以来，以习近平同志为核心的党中央高度重视生态文明建设，把推进生态文明建设纳入国家发展大计，并提出美丽中国建设的目标。习近平总书记在党的十九大报告中，就生态文明建设提出新论断，坚持人与自然和谐共生成为新时代坚持和发展中国特色社会主义基本方略的重要组成部分，并专门用一部分内容论述"加快生态文明体制改革，建设美丽中国"。习近平总书记就生态文明建设提出的一系列新理念新思想新战略，深刻回答了为什么建设生态文明、建设什么样的生态文明、怎样建设生态文明等重大问题，形成了系统完整的生态文明思想，成为习近平新时代中国特色社会主义思想的重要组成部分。

生态文明是在传统的发展模式出现了严重弊病之后，为寻求与自然和谐相处、适应生态平衡的客观要求，在物质、精神、行为、观念与制度等诸多方面以及人与人、人与自然良性互动关系上所取得进步的价值尺度以及相应的价值指引。生态文明以可持续发展原则为指导，树立人与自然的平等观，把发展和生态保护紧密结合起来，在发展的基础上改善生态环境。因此，生态文明的本质就是要重新梳理人与自然的关系，实现人类社会的可持续发展。它既是对中华优秀传统文化的继承和发扬，也为未来人类社会的发展指明了方向。

党的十八大以来，"生态文明建设"相继被写入《中国共产党章程》和《中华人民共和国宪法》，这标志着生态文明建设在新时代的背景下日益规范化、制度化和法治化。党的十八大提出，大力推进生态文明建设，把生态文明建设放在突出地位，融入经济建设、政治建设、文化建设、社会建设各方面和全过程，努力建设美丽中国，实现中华民族永续发展。党的十八届三中全会提出，必须建立系统完整的"生态文明制度体系"，用制度保护生态环境。党的十八届四中全会将生态文明建设置于"依法治国"的大背景下，进一步提出"用严格的法律制度保护生态环境"。可见，生态文明法律制度建设的脚步不断加快。为此，本人于2014年牵头成立了"生态文明法律制度建设研究"课题组，并成功中标2014年度国家社科基金重大项目，本套丛书即是该项目的研究成果。

本套丛书包含19本专著，即《生态文明法律制度建设研究》《监管与自治：乡村振兴视域下农村环保监管模式法治构建》《保护与利用：自然资源制度完善的进路》《管理与变革：生态文明视野下矿业用地法律制度研究》《保护与分配：新时代中国矿产资源法的重构与前瞻》《过程与管控：我国核能安全法律制度研究》《补偿与发展：生态补偿制度建设研究》《冲突与衡平：国际河流生态补偿制度的构建与中国应对》《激励与约束：环境空气质量生态补偿法律机制》《控制与救济：我国农业用地土壤污染防治制度建设》《多元与合作：环境规制创新研究》《协同与治理：区域环境治理法律制度研究》《互制与互动：民众参与环境风险管制的法治表达》

《指导与管控：国土空间规划制价值意蕴》《矛盾与协调：中国环境监测预警制度研究》《协商与共识：环境行政决策的治理规则》《主导或参与：自然保护地社区协调发展之模式选择》《困境与突破：生态损害司法救济路径之完善》《疏离与统合：环境公益诉讼的程序整合》，主要从"生态文明法治建设研究总论""资源法制研究""环境法制研究""相关诉讼法制研究"四大板块，探讨了生态文明法律制度建设的相关议题。本套丛书的出版契合了当下生态文明建设的实践需求和理论供给，具有重要的时代意义，也希望本套丛书的出版能为我国法治理论创新和学术繁荣做出贡献。

2022 年 9 月 于山城重庆

前　言

　　大气污染是广大人民群众感受最为直接、反映最为强烈的生态环境问题。与大气污染直接相关的环境空气质量及其改善也成为社会各界最期盼解决的重大民生问题之一。党的十七大以来，我国高度重视生态文明建设，旗帜鲜明地提出"绿水青山"就是"金山银山"，同理"蓝天白云"也是"金山银山""真金白银"。党的十九大报告指出，我国的主要矛盾已经转化为人民日益增长的美好生活需要和不充分不平衡的发展之间的矛盾。这种美好生活的需要包括物质、精神、制度等方面，也包括生态环境方面。在强化生态文明建设、满足人民对美好生态环境需要的同时，党的十九大报告强调了"坚持全民共治、源头防治，持续实施大气污染防治行动"，还提出要"建立市场化、多元化生态补偿机制"。党的二十大报告继续强调了"持续深入打好蓝天、碧水、净土保卫战"，并提出"建立生态产品价值实现机制、完善生态保护补偿制度"。能够兼顾两方面需求、体现不同特点的环境空气质量生态补偿法律机制是不断发展和完善的。

　　大气污染已经成为影响我国经济社会发展和民众生活的重大问题，该问题对我国国计民生的不利影响将是长期的、多方面的。大气作为一种典型的公众共用物，其权利主体是不特定的多数人，权利行使形式是由不特定的多数人非排他性的、自由平等的使用。因此，大气污染治理既需要从微观层面上针对特定的单个排放主体，也需要在宏观层面上有主体对整个公众共用物的状况负责。在这样的治理态势下，地方政府率先对当地生态环境质量负责的法律制度应运而生。在生态环境问题日益复杂、影响日趋广泛的现代社会，这些机制既涉及法律问题、行政问题，也涉及经济问题。

所谓环境空气质量生态补偿法律机制，是指以保护空气质量和实现可持续发展为目的，以经济、行政为主要调节手段，对空气质量的破坏者予以约束，对空气质量保护者予以激励的一系列法律原则、制度和规则。该机制强调消极责任和积极责任，力求将生态环境利益的外部经济性转为内部经济性，防止"公众共用物悲剧"，追求"公众共用物喜剧"，从而有效保护大气环境，维护空气使用权的公平性。该机制可以将生态环境利益的外部经济性转为内部经济性，也可以让地方政府及其相关负责部门积极履行法律政策规定的环境空气质量义务，从而有效保护大气生态环境，维护大气环境这一公众共用物的公平使用权利。

在生态环境治理的理论实践中，传统的命令控制型环境规制模式逐渐暴露其固有的弊端与局限性，各种以正面激励理论为补充、并重甚至取代命令控制模式的新型环境法律制度改革方案层出不穷。2014年修订的《中华人民共和国环境保护法》已经明确写入"国家建立、健全生态保护补偿制度"，并进一步要求国家加大对生态保护地区的财政转移支付力度，并指导生态受益地区和生态保护地区的政府通过协商，或者按照市场规则进行生态保护补偿。该规定的出台既是对已有的生态补偿实践的总结和归纳，将生态补偿的成功经验上升到法律层面，也是对更多领域、更高层面的生态补偿的规划和展望。此前，包括我国在内的世界各国在流域、森林、草原等领域的生态补偿理论和实践层出不穷，发挥了不可忽视的作用。在环境空气质量生态补偿方面，我国一些省市率先进行创新，已出台了关于环境空气质量生态补偿法律机制的多部地方政府规章或在地方立法中载入环境空气质量生态补偿条款。本书正是加深人们对环境空气质量生态补偿法律机制的认识、完善相关立法和制度建设的有益尝试。对协调各方利益，更好应对大气环境污染，全面建成小康社会、推进生态文明建设将产生积极作用。

在日益严重的大气污染领域，虽然环境空气质量生态补偿法律机制备受关注，但是目前研究环境空气质量生态补偿法律机制的成果却不多，现有的研究主要从自然科学和经济管理学角度进行，法学方面的研究成果缺乏。仅有的研究成果还存在相关立法分析不够深入，对空气质量生态补偿法律机制的法律性质认识不足，缺乏理念、原理、原则层面的分析，对法律制度和规制层面的必要性和可行性缺乏深入分析，其提出的完善建议缺乏体系、比较宽泛、针对性不强，也未能对最新的理论实践发展进行及时的研究总结等问题。

针对上述不足，本书首先总结我国一些省市已出台的关于环境空气质量生态补偿法律机制的多部地方政府规章，或地方法律中有关环境空气质量生态补偿的条款。从法律机制的构建层面研究环境空气质量生态补偿，重点分析其在激励和约束两方面的制度和规则。环境空气质量生态补偿法律机制是我国首创的制度创新。虽然近来一些省份已经在大气污染生态补偿法律制度方面进行了大量的有益尝试，但是其还需要法学界进行认真总结，全面归纳提高。

本书探讨如何实现综合治理大气污染与健全生态补偿机制相结合。通过对环境空气质量生态补偿法律机制进行学理界定并广泛收集、分析各省市颁布的环境空气质量生态补偿暂行办法，在深入分析环境空气质量生态补偿法律机制的性质和特点的基础上，指出其是多种思想理论支撑和引领下的产物。这些基础理念主要包括环境义务、生态文明思想、公众共用物理论等理论。在这些理念的基础上，本书分析了环境空气质量生态补偿法律机制在宏观的理念上和具体制度上存在的不足，并有针对性地总结了应有的对策。在结构上，本书分为八个章节：

第一章"环境空气质量生态补偿法律机制界说"，主要回顾和总结生态补偿的各种界定，指出生态补偿法律机制存在的主要领域。在确定环境空气质量生态补偿法律机制的定义后，介绍了省市两级环境空气质量生态补偿法律机制的内容、发展历程以及环境空气生态补偿的法律关系。

第二章"环境空气质量生态补偿法律机制的理念"，环境空气质量生态补偿法律机制的理念主要包括环境义务、生态文明思想、公众共用物理论等。随着生态文明被写入宪法，大气环境作为公众共用物受到广泛认可。在明确环境义务理论的基础上，本章指出，义务的产生存在两种途径：通过公民清洁空气权确定政府的义务与通过国家目标条款确定政府的义务。

第三章"环境空气质量生态补偿法律机制的原则"，能够体现大气污染综合治理要求，突出生态补偿特点的法律原则应当包括：谁保护谁受益谁污染谁付费原则、政府主导市场补充原则、经济社会生态统筹兼顾原则等。这些原则是空气质量生态补偿法律机制的主要原则，突出体现了空气质量生态补偿的特点，构成了其具体制度和规则制定的基础，适用于目前出现的几个环境空气质量生态补偿法律机制的发展、修改和完善等所有方面。

第四章"环境空气质量监测法律制度"。环境空气质量监测数据为环境管理、污染源控制、环境规划等提供科学依据，为环境空气质量生态补偿考核数据提供来源。环境空气质量监测法律制度是生态补偿的基础。我国的环境空气质量监测制度经过多年的发展，已具有规范性、时效性和公正性的特点。但与生态补偿有关的环境空气质量监测仍存在标准较低、监测站点不足、监测数据准确性不够、法律责任体系不完善等问题。环境空气质量监测制度的后续完善还需要针对上述几个方面继续努力。

第五章"环境空气质量信息公开制度"。环境质量信息公开制度是空气质量生态补偿的重要保障，环境信息公开权是公民个人的环境程序性权利之一。我国环境空气质量信息公开制度基本建成。在运行过程中，结合各地环境空气质量生态补偿法律机制的运行，现有的环境空气质量信息公开制度尚有诸多提升空间。我们可以从丰富环境信息公开的内容和频次、取消政府环境信息公开对申请人目的的限制、完善环境信息公开的监督机制等方面进行完善。

第六章"环境空气质量约谈制度"。我国的生态环境监管已经正式引入约谈制度，而环境空气质量保护领域里的约谈发展较为迅速，制度相对成熟。生态环境主管部门对于约谈已制定了两部专门的政府规章。环境空气质量约谈有待进一步法治化，从对政府与企业等不同约谈对象应内外有别、强化对环境行政约谈的监督等方面继续推进。

第七章"环境空气质量生态补偿市场机制"。我国各地的环境空气质量生态补偿法律机制性质上属于依靠上下级政府之间的行政隶属关系推动的纵向补偿。各地现有的补偿实践还缺乏对没有直接隶属关系的不同地区通过协商，然后按照市场规则进行的环境空气质量生态补偿实践，也鲜见市场主体直接参与环境空气质量生态补偿法律关系的事例。我们需要通过合理界定各方生态环境权利和义务，按照生态文明建设的需要，通过多元化、市场化的方式，激发全社会参与环境空气质量生态补偿的积极性。我们可以在分析国外类似机制的基础上，借鉴美国在州际空气污染治理上存在的大量跨州交易、州际合作的法律制度，展望我国横向环境空气质量生态补偿法律机制如何推动。

尾论依据激励法学理论所倡导的激励、约束和管理等法学三大功能，分别从激励机制、约束机制和国家层面的环境空气质量生态补偿进行总结。环境空气质量生态补偿法律机制大量使用经济激励手段推动地方政府全面落实国家法律政策。生态保护补偿受到的重视程度较高，许多法律政策甚至以生态保护补偿指代整个生态补偿。政府主导的环境空气质量生态保护补偿，也需要再扩大补偿主体、增加补偿类型。生态损害补偿可适用于大气污染事件中污染责任主体难以界定、因果关系较为复杂、生态环境损害责任难以追究等情形，我们可以采用地方政府对行政区内生态环境负总责的形式进行约束。从管理学视角看，国家层面的环境空气质量生态补偿法律机制可以在《生态补偿条例》中进行规定，再由生态环境主管部门制定具体的实施细则，然后在全国范围内推行。

经过理论总结和各地环境空气质量生态补偿法律机制的运行实践，建构一个超越现有省级层面，在全国范围适用的环境空气质量生态补偿法律机制，是综合治理大气污染的需要、健全生态补偿制度的需要、公平行使环境使用权的需要。在可行性方面其已经具备充分的理论基础、坚实的法律基础，具有经济上的可接受性、社会可接受性，机制自身也已经成熟稳定。国家层面上建立环境空气质量生态补偿法律机制是必要的，也是可行的。

本书采用了多种研究方法，主要有语义分析、规范分析、实证分析、比较分析等方法。将国家对大气污染治理的期待与追求同现实的生态补偿法治实践相关联，结合全国普遍情形与区域个案表征，整体分析与个案分析相结合，系统而有层次地探究各种可行方案。重视多学科研究方法，运用法学、经济学、环境学以及生态学等学科的基本原理和分析工具，探究大气污染问题的根源和应对方式，多学科综合研究环境空气质量生态补偿法律机制。

　　本书的创新之处主要表现在，对环境空气质量生态补偿法律机制进行了深入研究，提出了重视生态保护补偿和生态损害赔偿的同时，需重视生态损害补偿、扩大环境空气质量生态补偿的主体、在环境空气质量纵向补偿之外增加横向补偿、在国家层面上设立环境空气质量生态补偿机制、加快生态补偿立法等观点。在研究材料上，本书研究了多个省市的环境空气质量生态补偿暂行办法的新修订版本。本书还分析了环境空气质量监测、公开和约谈制度建设方面的新案例，从宏观理念上和具体的制度建设上提出了具有较强针对性的建议。

2020 年 12 月

目　录

第一章 环境空气质量生态补偿法律机制界说

改革开放以来，我国经济迅猛发展，取得了举世瞩目的成就，创造了人类历史上最大规模工业化、城镇化、现代化发展的奇迹。与此同时，粗放式的发展模式伴随着资源约束日益趋紧、能源利用效率低下，带来了严重的环境污染和生态退化问题。发达国家在数百年时间积累的环境问题在我国数十年就被推到了风口浪尖，我国的生态环境和人民群众的生产生活面临极大挑战。大气环境保护是生态环境保护的一个典型，已成为社会关注的热点问题，其不仅直接影响人体健康，导致人类罹患各种疾病，而且严重影响农作物的产量，给工业生产带来诸多负面影响。大气环境保护已经成为影响我国经济社会发展和民众日常生活的重大问题。

通常认为，环境管理模式有三种，分别是以污染控制为目标导向的环境管理、以环境质量改善为目标导向的环境管理和以环境风险防控为目标导向的环境管理。[1] 中国当前环境管理正处于从以污染控制

---

[1]　环境管理模式根据环境管理目标导向的不同可分为三种：一是以污染控制为目标导向的环境管理。其特征是实施严格的污染物排放标准和总量控制措施，促使排污者达标排放污染物。20 世纪 80 年代之前发达国家以及目前大部分发展中国家基本上采用这种模式。 二是以环境质量改善为目标导向的环境管理。其特征是实施更加严格的环境质量标准，以环境质量目标"倒逼"经济结构调整，实现环境友好型经济增长。20 世纪 80 年代以后大部分发达国家基本采用这种模式。 三是以环境风险防控为目标导向的环境管理。进入 21 世纪后，发达国家环境质量管理不断优化，开始更加关注人体健康和生态安全，以风险预警、预测和应对为主要标志的管理模式逐渐形成。参见：周生贤. 周生贤部长在第二次全国环保科技大会上的讲话（2012 年 3 月 31 日）[J]. 环境保护，2012（9）:10-15.

为导向向以环境质量改善为导向的战略转型期。[1] 以环境质量改善为目标导向的环境治理模式正在形成，体现环境质量改善要求的法律制度也在不断涌现，这里面当然包括大气环境保护。

第一节　大气污染与环境空气质量

根据组成人类环境的各种自然要素的不同，环境可分为大气环境、水环境、土壤环境、生物环境等。包围地球的空气称为大气。我们人类生活在地球大气的底部，并且一刻也离不开大气。[2] 自然界的变化和人类的活动向大气中排放了各种物质，这些物质有的来自自然界，如大风刮起的沙尘、火山喷发的烟和颗粒物等，而导致广泛而严重的大气污染的物质来自人类活动。一般来说，自然环境所具有的物理、化学和自净作用，会使得自然过程造成的大气污染在一段时间后自动消除，大气生态平衡得以自动恢复，所以学界通常认为，大气污染主要是人类活动造成的。

随着人类社会城镇化和工业化进程的推进，大气污染已成为世界各国共同面临的严峻的生态环境挑战。在城市环境污染问题上，也以大气污染最为突出。[3] 大气污染，又称空气污染，根据国际标准化组织（ISO）的定义，大气污染通常是指人类活动或自然过程引起某些物质进入大气，具有足够的浓度，达到足够的时间，并因此威胁人类的身体健康或危害环境的现象。清华大学郝吉明教授认为，"大气污染，是指人类活动所排出的污染物质扩散到某地室外空气中，污染物的性质、浓度和持续时间等因素综合影响而引起该地区大多数人的不适感，并使健康和福利受到恶劣影响"。郝吉明教授进一步指出，这里所指

---

[1]　李挚萍. 论以环境质量改善为核心的环境法制转型 [J]. 重庆大学学报（社会科学版），2017，23（2）：122-128.

[2]　大气和空气通常作为同义词使用，其成分在均质层是一样的；它们的区别在于大气所指的范围更大，空气的范围相对较小。

[3]　郝吉明. 大气污染及其防治 [M]. 北京：中国文化书院，1987：1-2.

的对健康的影响，可以认为包括从对人体正常生理现象的影响到慢性病、急性病以至死亡这样一个广泛的范围。而所谓福利，则可以认为是包括与人类协调共存的动植物、自然资源、财产、器物等。

大气环境质量与人体健康息息相关，大气污染物会严重损害人体健康，并给生态环境、经济社会发展等带来诸多不利影响。这些影响中，仅仅影响人体健康一项就非常惊人。据《科技日报》报道，美国健康效应研究所发表的《2019 全球空气状况》报告指出，"每年死于空气污染相关疾病的人数比死于交通意外或疟疾的人数还要多"。[1]

大气环境是地球环境最重要的组成部分之一，与地球生命的繁衍、人类社会的发展直接相关。大气环境为生命提供了不可或缺的支撑，它的状态时时刻刻都在影响包括人类在内的所有生命的生存与活动。因此，工业革命以来，大气污染一直是人们高度关注的重要问题。主要的工业化国家的大气污染，皆有一个发生、发展和演变的过程。从工业革命到 20 世纪中叶，大气污染状况随着工业的发展而不断变化，主要污染物是烟尘、二氧化硫等，属于燃烧煤炭引起的"煤烟型"污染。20 世纪 50—60 年代，由于科学技术的高速发展，内燃机数量倍增，石油消耗量剧增，污染类型变为"石油型"污染。二氧化硫、氮氧化合物、颗粒物、臭氧等大气污染物大量增加，造成了广域的复合污染。环境史上闻名世界的"马斯河谷烟雾事件""英国伦敦烟雾事件""日本四日市哮喘病事件""洛杉矶光化学烟雾事件"等一系列大气污染典型事件均发生于该时期。由于大气污染对人体健康造成了损害，对能源、资源、财产带来了破坏，各国企业和政府花费了大量的人力、物力和财力进行严格控制。许多国家经过长期治理，多项措施并举，大气污染得到控制，环境空气质量明显改善。20 世纪 70 年代以来，中国政府逐渐认识到环境污染的危害，加强了对生态环境的保护力度，颁布并实施了大量法律、政策和措施进行综合治理，生态环境综合治

---

[1]　李禾. 每年死于空气污染人数超过交通意外 [N]. 科技日报，2019-04-17.

理相当大的部分直接涉及《中华人民共和国大气污染防治法》。

环境质量是环境系统客观存在的一种本质属性，是能用定性和定量的方法加以描述的环境系统所处的状态。[1] 简而言之，环境质量是所有污染源排放所有污染物的综合体现。环境质量是指在一个具体的环境内，环境的总体或环境的某些要素，对人群的生存和繁衍以及经济发展的适应程度，它是根据环境质量标准对环境进行评价所得出的结果。[2]

《中华人民共和国大气污染防治法》的最终成果体现在环境空气质量治理上。人类的生产生活离不开一定的环境，环境质量的优劣直接关系人们生产生活状况的好坏。通常认为，环境质量是通过防治污染、防治资源损害、防治生态损害等实现的质量，是由污染防治、资源损害防治、生态损害防治等工作的开展情况所决定的质量。[3] 环境空气质量是环境质量的组成部分。尽管大气污染控制和环境空气质量改善有非常强的相关性，但二者在内涵、外延上有很大区别，在主体和责任上有非常多的不一致。污染控制型环境治理的主体是企事业单位，政府则对本行政区域环境质量负责，是以环境质量为导向的环境治理模式的主体。企事业单位污染物排放的达标并不意味着其所在行政区的环境质量达标，行政区的环境质量达标也不意味着辖区内所有企事业单位污染物排放达到标准和目标。两类重要的环境法主体都应该承担各自生态环境保护义务，这些义务的类型、层次和承担方式都不尽相同。由此产生的环境法律责任也因主体不同而有差异。

[1] 周亚萍，安树青. 生态质量与生态系统服务功能 [J]. 生态科学，2001，20（C1）：85-90.
[2] 信春鹰. 中华人民共和国环境保护法释义 [M]. 北京：法律出版社，2014：21.
[3] 徐祥民. 地方政府环境质量责任的法理与制度完善 [J]. 现代法学，2019，41（3）：69-82.

第二节　大气环境法治的转型

我国于 1987 年颁布了《中华人民共和国大气污染防治法》，正式开启了用法律的手段治理大气污染的进程。该法颁布于我国改革开放初期，主要是针对工业和燃煤污染防治方面的环境问题而颁布的，符合当时的时代特征。随着改革开放极大解放了社会生产力，工业化和城镇化进程的加快，大气污染形势日趋复杂和严峻。我国先后于 1995 年、2000 年和 2015 年对《中华人民共和国大气污染防治法》进行了三次修订。[1] 在数量上法律条文从 1987 年的四十一条，2000 年的六十六条，增加到 2015 年的一百二十九条。在内容上，法律框架和主要内容做了全面修改，在立法理念、重点法律制度、法律治理方式、监管机制和法律责任等方面都呈现诸多亮点。[2]《中华人民共和国大气污染防治法》的主要转变和进步具体表现为：从早期对单一污染物的控制转变为对颗粒物、二氧化硫、氮氧化物、挥发性有机物等多种大气污染物的控制，并于 2015 年首次提出对温室气体的协同控制；控制方式由浓度控制转变为排放许可总量控制以及环境质量控制；总量控制和排污许可制度的适用范围由原来的部分区域扩展到全国；进一步强化了政府、企事业单位、其他生产经营者和个人的法律责任等多个方面[3]。

在执法上，随着环境立法的进步，各种法律制度、法律责任的不断强化，环境执法的难度也随之增加。改革开放以来我国环境执法的理论和实践不断成熟和完善，在执法理念、执法模式、执法主体、执法手段、执法责任等方面取得了巨大进步。[4] 在生态环境日趋恶化的

[1]　2018 年 10 月 26 日第十三届全国人民代表大会常务委员会第六次会议通过的《关于修改〈中华人民共和国野生动物保护法〉等十五部法律的决定》也涉及《中华人民共和国大气污染防治法》，其是技术性修改，并未涉及实质性内容。

[2]　张卉聪，穆治霖．以严格的法律制度向大气污染宣战：《大气污染防治法（修订草案）》的亮点评析与完善建议 [J].环境保护，2015（6）：45-47.

[3]　据统计《中华人民共和国大气污染防治法》的责任类型 1987 年为 11 种，2000 年增加了 10 种，2015 年已达到 26 种。

[4]　刘明明．改革开放 40 年中国环境执法的发展 [J].江淮论坛，2018（6）：27-33.

背景下，生态环境保护的立法、执法也日趋严峻。新修订的《中华人民共和国环境保护法》和《中华人民共和国大气污染防治法》可以说是"史上最严"的相关法律。当前我国的环境法治建设，无论是环境法的制定还是环境法的实施，都强化了对环境违法行为的制裁，体现了重罚主义思想。[1]重罚主义影响下的环境法治，通常是加大对企事业单位破坏生态环境行为的处罚力度，对破坏行为进行矫正，对相关主体形成威慑，以追求惩前毖后的效果。大气污染防治领域的环境执法，在雾霾围城、大气污染日趋严重的背景下也面临严峻挑战。我国曾多次进行大气环境保护专项执法。2016年1月1日开始生效的《中华人民共和国大气污染防治法》的治理力度前所未有，其实施效果引发了全社会的广泛关注。国务院发展研究中心研究员常纪文指出："实施两年半成效彰显，挑战仍在。让法律'长牙''带电'成为今后完善方向。"

2018年12月，中共中央办公厅、国务院办公厅印发的《关于深化生态环境保护综合行政执法改革的指导意见》，对综合行政执法改革做出全面规划和系统部署，以克服生态环境执法领域职责交叉、权责碎片化、权责脱节等体制性障碍。生态环境保护执法应当以深化、细化、实化区域协同、环境监督检查机制为主线。该指导意见提出了落实五步法环保督察。在大气污染执法方面，其不仅是对《中华人民共和国大气污染防治法》相关要求的全面响应，也是对行政区内外大气污染执法上存在的问题的纠正。

在司法上，通过司法系统解决的生态环境纠纷在数量上不多、社会影响力有限。据统计，"十一五"期间我国环保系统受理环境信访案件30多万件，行政复议案件2614件。相比之下，行政诉讼案件只有980件，刑事诉讼案件只有30件。真正通过司法诉讼渠道解决的

---

[1] 邓可祝.重罚主义背景下的合作型环境法：模式、机制与实效[J].法学评论，2018，36（2）：174-186.

环境纠纷不足 1%。[1] 随着环境法治进程的推进，我国受理的环境案件数量不断增加。根据原中华人民共和国最高人民法院院长周强于 2021 年作的《最高人民法院工作报告》，2020 年全国法院系统严惩污染环境犯罪、服务生态文明建设，审结环境资源案件 25.3 万件。通过司法诉讼解决环境纠纷的案件在数量上有了大幅增加。在社会影响上，我国出现了一系列具有代表性的生态环境污染责任纠纷案例，许多案例都与大气环境保护有关。如"因雾霾状告环保局""中华环保联合会诉德州晶华集团振华有限公司大气污染责任纠纷案""西安大气环境监测数据造假案"等大量带有第一案性质的大案要案。

我国司法机关还出台了大量司法解释，对环境污染的行为、责任以及后果等内容做出说明，有大量司法解释涉及大气环境保护。如 2015 年《最高人民法院关于审理环境侵权责任纠纷案件适用法律若干问题的解释》、2017 年《最高人民法院、最高人民检察院关于办理环境污染刑事案件适用法律若干问题的解释》均适用于大气环境保护，有效弥补了现行法律法规的不足。其中 2017 年最高人民法院、最高人民检察院的司法解释规定，重点排污单位干扰自动监测设施或者篡改、伪造自动监测数据，排放二氧化硫、氮氧化物、氨氮、化学需氧量等污染物的，应当认定为"严重污染环境"。其首次明确了破坏大气环境质量监测系统、影响监测系统正常运行行为可适用侵入计算机信息系统罪、污染环境罪等罪名。这些新出现的司法解释，体现了"严"字当头的精神，进一步加大了对各种排放主体违法排污行为的打击力度，对于有效防范和依法惩治社会各界高度关注、呈现愈演愈烈之势的大气污染的痼疾沉疴具有重要意义。

环境立法、执法、司法为改善生态环境建立了严格的制度，强化了法律执行，加大了对生态环境的保护力度。与此同时，我国环境法不断强化环境违法责任，体现了重罚主义思想，是威慑型环境法的具体运用。但威慑型环境法具有成本高、对抗性强的缺陷。[2] 同时，其

---

[1] 杨朝飞. 我国环境法律制度和环境保护若干问题 [N]. 中国环境报，2012-11-05.

[2] 邓可祝. 重罚主义背景下的合作型环境法：模式、机制与实效 [J]. 法学评论，2018，36（2）：174—186.

造成了生态环境保护成本迅速增加、就业受到负面影响，容易引发社会反弹。环境风险社会的到来也激化了许多社会矛盾，集中表现为我国环境群体性事件呈高发态势，已经成为继违法征地拆迁、劳资纠纷后备受社会关注的第三大群体性事件。[1]

《中华人民共和国大气污染防治法》在 2015 年大规模修订前，在第三条规定了各级政府应采取措施有计划地控制或者逐步削减各地方主要大气污染物的排放总量。污染物排放总量控制作为我国一项环境保护方面的重大举措，其实施时间并不长。其出现可以追溯到 1996 年全国人民代表大会通过的《国民经济和社会发展"九五"计划和 2010 年远景目标纲要》。在此之前，我国以往的环境保护法律政策一直是以浓度控制为核心。当时环境保护主管部门在征收税费、进行环境影响评价时均以浓度为主要依据。相关研究表明浓度控制缺乏对排放时间的规定，可执行性较差，难以降低污染控制成本，无法进行市场交易。总的来看，总量控制严于浓度控制，也优于浓度控制。对于总量控制，通常的提法有目标总量控制、容量总量控制、行业总量控制，具体又有国家总量控制、省级总量控制、城市总量控制和企业总量控制等。[2]

2000 年修订的《中华人民共和国大气污染防治法》新增了关于污染物总量控制的规定。《中华人民共和国国民经济和社会发展"十一五"规划纲要》将主要大气污染物之一的二氧化硫排放总量减少 10% 作为约束性指标。各级政府通过不懈努力，采取了系列措施，终于在"十一五"期间将二氧化硫排放总量成功地减少了 14.5%，超额完成了规划纲要规定的目标。与此同时，我国的大气污染形势依然十分严峻，按照 2012 年修订的环境空气质量标准，我国重点地区 70% 的城市空气质量还不达标。这一现状表明了以减少主要污染物的排放量作为《中华人民共和国大气污染防治法》的目标不能适应我国大气污染

[1] 冯杰，汪韬．"开窗"求解环境群体性事件 [N]．南方周末，2012-11-29.
[2] 宋国君．论中国污染物排放总量控制和浓度控制 [J]．环境保护，2000，28（6）：11-13.

防治和环境空气质量改善的客观需求。[1]2015 年修订的《中华人民共和国大气污染防治法》在第二条新增了"防治大气污染，应当以改善大气环境质量为目标"。该条明确将大气污染防治法活动的规制目标从污染物排放总量控制转变为环境空气质量改善。以区域环境质量目标作为该地区环境行为的规制标准，确保大气污染物的存在量不能高于大气环境的承载能力，低于人体健康可接受的程度，这是《中华人民共和国大气污染防治法》修订确立的环境质量目标的应有之义。大气环境质量标准既是衡量大气环境水平的标准，也是行政部门必须达到的大气环境行政目标。[2]

　　环境质量目标的确立要求目标在环境法律政策中预先设定，环境质量目标作为生态环境整体目标，按照环境法律的规定由各级政府负责实现。环境质量目标模式赋予地方政府以具体的大气环境目标，而将个体行为的规则设置与具体调控交由地方政府实施。[3]环境质量目标模式并不直接规制污染物排放主体，而规定了各级政府作为当地环境质量的总义务人，压缩了政府作为执法者执行环境质量目标的空间，比起污染物浓度控制和总量控制对改善环境的效果更为直接，在对排放主体的排放行为总体调控上更为有效。

第三节　生态补偿法律机制的扩张

一、生态补偿的界定

　　生态补偿机制是在生态环境污染、破坏日益严重的形势下出现的

[1] 信春鹰.中华人民共和国大气污染防治法释义 [M].北京：法律出版社，2015：4.
[2] 姜渊.《大气污染防治法》规制目标研究：从不法惩罚到环境质量目标 [M].北京：中国政法大学出版社，2020：88.
[3] 姜渊.大气污染防治法的法律模式探析：从不法惩罚到环境质量目标 [J].北京林业大学学报（社会科学版），2017，16（2）：34-42.

一种新的制度。我国对生态补偿的研究起步于 20 世纪 80 年代，所提到的"生态补偿"概念目前在国外并无直接对应概念，通常认为要比其他国家采用的"生态系统服务付费"（PES）的内涵更为丰富、外延更为复杂。基于生态系统保护和生态补偿自身的复杂性，跨学科性非常显著。不同学科的不同学者基于不同的学科、理论基础和方法研究生态补偿。一般认为，最先引起理论界关注的是自然自身的生态补偿，从生态学角度的自然生态补偿进行研究，是开创生态补偿的先河。20 世纪 80 年代末，学者们逐渐从自然生态补偿研究之外研究生态补偿，将生态补偿视为自然之外人类社会保护生态环境和自然资源的一种手段。

在生态补偿的界定上，早在 1987 年就有生态学学者提出："生态补偿就是从利用资源所得到的经济收益中提取一部分资金并以物质或能量的方式归还生态系统，以维持生态系统的物质、能量在输入、输出时的动态平衡。"[1] 该定义可以说是我国最早的对自然生态补偿之外的生态补偿进行的界定之一，其特点在于主张在自然生态补偿之外，注重防止人类利用资源对生态的破坏，主张利用资源产生经济收益中的物质、能量来补偿生态系统，以达到生态系统的平衡和稳定。

初期的生态补偿是为了控制生态环境的破坏而征收费用，将生态补偿视为一种减少生态环境损害的经济刺激手段，以实现经济学上所谓的外部成本内部化。由于我国经济社会文化的发展，生态补偿本身也越发复杂，加上研究的侧重点不同，人们的认识各异，提出的定义也比较多。随着我国对生态补偿认识的加深，生态补偿逐渐从单纯的对生态环境的破坏者收费拓展到对生态环境保护者的补贴。任勇、俞海等研究者主张将保护生态与破坏生态产生的利益并列。[2] 李文华院士等学者也多次提出对生态补偿的看法，其观点具有一定代表性。李

---

[1] 张诚谦. 论可更新资源的有偿利用 [J]. 农业现代化研究，1987，8（5）：22-24.

[2] 所谓生态补偿是为改善、维护和恢复生态系统服务功能，调整相关利益者因保护或破坏生态环境产生的环境利益及其经济利益分配关系，以内化相关活动产生的外部成本为原则的一种具有经济激励特征的制度。

文华院士提出的定义强调了生态补偿的目的是保护生态环境、可持续利用生态系统，实现和谐发展，主张以经济手段调节各方利益。[1]

生态补偿的界定引发了不同学科的不同学者对从各自的立场和关注点进行了探讨。虽然这些定义各不相同，但是从经济学角度界定的较多，其主要强调的是生态补偿作为经济刺激、经济激励、经济手段方面的特性。从法学的角度看，生态补偿需要通过制度化设计规范人类社会对生态环境的行为，协调生态补偿制度背后的各种利益诉求，强调生态补偿在促进自然、社会公平方面的作用。[2] 环境与资源保护法学界对生态补偿的研究成果很多，具有代表性的学者有吕忠梅教授、黄锡生教授、李爱年教授、史玉成教授等。[3] 如吕忠梅教授从环境制度的角度对生态补偿进行定义，但未能区分生态保护和自然资源保护，将国家为了保护环境资源而征收的资源税、排污费等纳入生态补偿，从而造成生态补偿内涵和外延过宽。史玉成教授则避免了将生态补偿的内涵外延界定过于宽泛的不足，强调了保护生态系统的服务功能和公众的生态利益，突出了法定的程序和标准在生态补偿中的作用。在综合国内外学术研究的长期成果并结合我国在中央和地方层面多年生态补偿实践工作的基础上，重庆大学法学院黄锡生教授通过总结归纳生态补偿的法律价值和制度特点，给出了法学色彩鲜明的生态补偿定义，"为维护达到保护生态环境和生态可持续发展的目的，以经济为主要调节手段，对生态环境的破坏者予'罚'，对生态环境保护者予

---

[1]　生态补偿以保护和可持续利用生态系统服务为目的，以经济手段为主调节相关者利益关系的制度安排。后来拓展为，以保护生态环境，促进人与自然和谐发展为目的，根据生态系统服务价值、生态保护成本、发展机会成本，运用政府和市场手段，调节生态保护利益相关者之间利益关系的公共制度。

[2]　李爱年. 生态效益补偿法律制度研究 [M]. 北京：中国法制出版社，2008：3-4.

[3]　如吕忠梅教授认为，生态补偿从狭义的角度理解就是指对由人类的社会经济活动给生态系统和自然资源造成的破坏及对环境造成的污染的补偿、恢复、综合治理等一系列活动的总称。广义的生态补偿则还应包括对因环境保护丧失发展机会的区域内的居民进行的资金、技术、实物上的补偿、政策上的优惠，以及为增进环境保护意识，提高环境保护水平而进行的科研、教育费用的支出。参见：吕忠梅. 超越与保守：可持续发展视野下的环境法创新 [M]. 北京：法律出版社，2003：355. 史玉成教授认为，生态补偿是指为恢复与保护生态系统的生态服务功能，保障公众的生态利益，由生态受益者及环境资源开发利用者向特定的生态功能区、生态利益的重大贡献者以及开发利用环境资源过程中的生态利益受损者，按照法定的程序和标准进行合理补偿。参见：史玉成. 生态补偿制度建设与立法供给：以生态利益保护与衡平为视角 [J]. 法学评论，2013，31（4）：115-123.

'奖'，从而将生态环境利益的外部经济性转为内部经济性，有效保护生态，维护环境使用权的公平性"。[1] 这个定义正确地指出，生态补偿既有约束性也有激励性，既是一种经济手段，也是一种法律制度。定义将法学的核心价值引入生态补偿，更为明确地强调了生态补偿的目的是维护环境使用权的公平性。这个定义是后续研究的出发点，构成了本书的基础。

中共中央办公厅、国务院办公厅印发的《关于深化生态保护补偿制度改革的意见》提出，加快健全有效市场和有为政府更好结合、分类补偿与综合补偿统筹兼顾、纵向补偿与横向补偿协调推进、强化激励与硬化约束协同发力的生态保护补偿制度。

二、生态补偿法律机制的主要领域

从法学理论研究角度看，生态补偿的本质是通过科学、合理、公平的规则和制度落实生态环境保护责任，厘清各方相关权利义务，通过协调各方的经济利益和生态利益关系来保护生态环境，促进社会公平，实现可持续发展。建立健全生态补偿法律机制是落实科学发展观、建设生态文明的重要举措，有利于推动环境保护从以行政手段为主转变为综合运用行政、法律、经济、技术和生态手段，有利于满足人民日益增长的美好生态环境的愿望。

在实践层面，目前我国现有的与生态补偿有关的实践主要集中在森林、草原、荒漠、海洋、流域、矿产资源等领域。这些领域的生态补偿既具有生态补偿制度的共性，又具有各自的个性。对现有不同领域的生态补偿制度进行类型化研究，有助于对这一制度进行全面认识。

相对于生态补偿的其他领域，森林生态补偿制度在我国起步较早。我国 20 世纪 50 年代初建立的育林资金制度通常被视为我国森林生态

---

[1] 黄锡生，张天泽.论生态补偿的法律性质 [J]. 北京航空航天大学学报（社会科学版），2015，28（4）：53-59.

补偿制度的萌芽。20 世纪 80 年代开始，我国出台了一系列的政策和法律法规从制度上逐步确立森林生态补偿制度。我国当前的森林生态补偿实践在国家层面主要是通过政府主导的重大生态建设工程来实施的，主要包括退耕还林工程、天然林保护工程、三北防护林体系建设、重点生态公益林补偿、京津风沙源治理工程等。

流域生态系统对人类的生存及农业、工业的发展均有至关重要的作用，流域水资源的综合利用将流域上下游的不同区域变为一个"一荣俱荣、一损俱损"的利益共同体。然而，由于地理位置的不同，流域上游地区的生态保护可以惠及整个流域，并因此而丧失经济发展的机会，而流域下游可能更多地享有保护的成果却不支付对价，生态利益与经济利益在上下游之间配置的严重失衡催生了流域生态补偿制度。随着我国水资源的短缺与水环境的恶化，流域生态补偿已成为我国生态补偿制度构建的重点实践领域。

聚焦重要生态环境要素，明确分类分级开展。生态环境要素不同，生态补偿类型也不同。各类型自然生态系统的保护重点不同，实践中的具体补偿方式也不尽相同。生态补偿涉及的领域可以说非常广泛，除了上述的几种，还有其他多个领域存在生态补偿制度。环境空气质量生态补偿是生态补偿理论运用于实践的一个新应用，是生态补偿扩展的一个新领域。大气环境是生态环境的重要组成部分，与工业生产、社会的发展和人们的生活密切相连、息息相关。我国大气污染日益严重，这引起了全国乃至全世界的关注。从国家到地方，我国各地区纷纷采取了多种措施应对大气污染，环境空气质量生态补偿制度就是一种制度创新。目前该制度已经在我国的山东省、湖北省、河南省、四川省、安徽省等省份以及河北省石家庄市、宁夏回族自治区银川市、贵州省贵阳市等城市颁布实施，并在实践中取得了较好的效果。其实践走到了理论研究的前面，环境空气质量生态补偿法律机制值得我们深入关注和研究。

第四节　环境空气质量生态补偿法律机制的产生、发展

一、环境空气质量生态补偿法律机制产生的背景

改革开放以来，我国工业化、城镇化的深入推进，经济社会快速发展的同时，能源、资源的消耗在持续增加，对生态环境的污染和破坏也在不断加深。大气环境污染是生态环境污染的重要方面，21世纪以来区域性大气环境问题日益突出。与以往的以二氧化硫为代表的传统污染物不同，以可吸入颗粒物（PM10）、细颗粒物(PM2.5)为新特征的大气污染物引起了人们的广泛关注，我国大气污染防治的形势和任务日益严峻。当前，我国已经实现全面建成小康社会，改善环境空气质量，满足人民群众日益增长的美好生活环境需要是小康社会的应有之义。我国大气污染防治的目标已经从此前的浓度控制、总量控制转变为环境空气质量的改善程度。环境空气质量生态补偿法律机制的出现有其生态环境背景，也有法制变革的背景。在其出现之前，各地方环境空气质量改善或恶化产生外部环境成本不能体现到地方自身的经济社会发展成本中，各地政府在"经济"的驱使下，为了快速发展经济往往对生态环境保护视而不见，甚至不惜牺牲环境来换取经济发展。

2011年10月前后，我国北方广大地区被一场雾霾笼罩。伴随着南下的西伯利亚冷空气，连绵不断的阴霾天气让人感觉阴冷的同时又呼吸艰难。根据北京市环保主管部门公布的当地每日空气质量报告，北京空气质量监测站点的数据显示最严重的地方也仅为"轻度污染"。与此同时，与空气质量相关的话题迅速蔓延，在北京市朝阳区东三环的美国驻华大使馆内的环境空气质量信息监测设备测定的邻近地区空气质量指数，频频显示为"重度污染"，达到美国国家环境保护局（US EPA）环境空气质量标准认定的"非常不健康"甚至"危险"级别。

美国驻华大使馆自行在其官方网站上公布了监测结果，引起了网络自媒体的迅速关注和转发。此事件随着各种媒体的广泛报道，还引发了中美的外交争议，迅速引起了全社会的关注。事后根据我国相关部门的调查，中美对污染级别认定不同的原因是双方环境空气质量指标和计算方法不同。美国国家环境保护局实施的空气质量指数（AQI）指标是综合细颗粒物（PM2.5）、可吸入颗粒物（PM10）、一氧化碳（CO）、二氧化硫、臭氧（O_3）和二氧化氮的浓度计算出来的；而当时我国通用的空气污染指数（API）只考虑了可吸入颗粒物、二氧化硫、二氧化氮，并不包括细颗粒物和臭氧等。针对这些由环境空气质量及其标准不同而引发的问题，我国环境保护部门顺势而为，转被动为主动，由原环保部（现生态环境部）常务会议审议并原则通过了《环境空气质量标准》。该标准借鉴国际通行做法，在原标准基础上增设了细颗粒物平均浓度限值和臭氧8小时平均浓度限值。随后，国务院常务会议于2012年2月发布了《环境空气质量标准》（GB 3095–2012）。在此基础上，国务院部署加强了全国大气污染综合防治重点工作，加强大气污染综合防治被写入当年3月的政府工作报告。

此后，我国环境空气质量便成为全国上下关注的焦点，空气质量预报APP成了电脑、平板、手机、手环等电子设备的必备APP之一，许多民众也养成了清晨起床第一件事情就是看天气预报、查看空气质量指数的习惯。为了应对大气污染，保证重大、重要的国际国内活动期间的空气质量，我国甚至还采取了一些非常规行政手段。但非常规措施在大气污染日益严重的背景下，只能作为特定情况下国家采取的紧急应对措施，反映了从党和国家领导到普通民众对优良空气质量的渴求。尽管短期非常规措施确有一定效果，但是负面效应也非常明显，容易影响正常生活生产，负面效应大且难以持续，因此环境空气质量治理亟须标本兼治的长效法律机制。

在法治建设方面，为了应对大气污染我国立法机关根据群众呼声在减少污染源、控制污染物排放量、推出新的制度措施方面制定了大量严厉的法律条款，对《中华人民共和国环境保护法》《中华人民共和国大气污染防治法》进行了多次修订，二者分别被冠以"史上最严环保法""最严大气污染防治法"称号，并先后于 2015 年和 2016 年迅速生效。两部法律修订的时间正好与以日益严重的大气污染为特征的生态环境问题引起全社会广泛关注的时间重合。新修订的《中华人民共和国大气污染防治法》明确要求县级以上人民政府要对其辖区内的环境空气质量负责，应当采取科学规划、加大治理的财政资金投入、控制大气污染物排放等方式，使环境空气质量达到国家标准，并在此基础上逐步改善。该法还进一步规定，地方政府要按照国家的环境空气质量标准与上级政府制定的达标规划和期限完成相应的任务。[1] 在司法上，考虑到造成雾霾天气因素的复杂性、长期性，无法进行线性归因，也不适宜以结果责任（出现雾霾天气）作为判断相关主体行政不作为的主要依据，法院不能据此做出义务判决。在此背景下，着重关注行政机关环境空气质量义务的新法律机制应运而生。

国务院颁布的《大气污染防治行动计划》具体指明了各级地方政府应落实的任务。该行动计划的出台正好在两部与大气污染相关的法律修订期间，可以说体现了两部法律修订的精神。该行动计划不仅提出长期的宏观治理目标，也给出了 2017 年全国地级及以上城市可吸入颗粒物应当实现的具体任务和指标。为了实现上述目标和任务，该行动计划分解了目标任务。为落实行动计划，国务院与各省（自治区、直辖市）人民政府签订《中华人民共和国大气污染防治法》目标责任书，将目标任务分解落实到地方人民政府和重点企业。《大气污染防治行动计划》还将重点区域的细颗粒物指标、非重点区域的可吸入颗粒物

---

[1] 《中华人民共和国大气污染防治法》第三条规定，县级以上人民政府应当将大气污染防治工作纳入国民经济和社会发展规划，加大对大气污染防治的财政投入。地方各级人民政府应当对本行政区域的大气环境质量负责，制定规划，采取措施，控制或者逐步削减大气污染物的排放量，使大气环境质量达到规定标准并逐步改善。第十四条规定，未达到国家大气环境质量标准城市的人民政府应当及时编制大气环境质量限期达标规划，采取措施，按照国务院或省级人民政府规定的期限达到大气环境质量标准。

指标等定位为经济社会发展的约束性指标，同时构建了以环境质量改善为核心的目标责任考核体系。国务院还制定了严格的阶段性考核办法，实行严格的问责和责任追究制度。

与此同时，2015 年修订的《中华人民共和国环境保护法》汲取前期理论研究成果和各地实践成果，首次将生态补偿制度引入国家法律规定，明确规定国家层面应建立健全生态补偿相关制度。该规定的出现明确了生态补偿今后的发展目标，是此次环保法修订的一个重大进步，也标志着生态补偿法律地位的正式确立。落实具体原则和规则的《生态补偿条例》已经于 2010 年被列入国务院的立法规划，正在起草的过程中，有利于我国下一步建立相关的原则、制度和规则，推动其实施与落实。

在上述背景下，我国一些大气污染比较严重的省份和城市，创造性地将生态补偿机制引入大气污染治理领域。环境空气质量生态补偿法律机制是为了完成国家制定的大气污染防治目标责任、满足人民群众对美好环境生活的需要，推动生态文明建设而积极进行制度创新。环境空气质量生态补偿法律机制是将各地环境空气质量改善或恶化的外部环境成本体现到自身的经济社会发展成本中的制度，也是我国推动生态文明建设、完善生态环境法治建设的产物。在改善环境空气质量方面取得了显著的效果，值得我们关注、研究。

二、环境空气质量生态补偿法律机制的界定

环境空气质量生态补偿是生态补偿机制发展的一个新领域，也是综合治理大气污染的要求。在结合生态补偿机制的特性，贯彻大气环境保护要求的基础上，本书尝试对其进行科学界定。环境空气质量生态补偿法律机制通常是指，以行政、经济等方面的调节手段，对环境空气质量的破坏者予以约束，对空气质量保护者予以激励，以达到保护空气质量和实现生态环境良性发展目的的一系列法律原则、

制度和规则。

根据该界定进行处罚，环境空气质量生态补偿又可分为生态保护补偿和生态损害补偿。生态保护补偿是指生态保护受益方以资金、项目、技术、政策优惠等方式，给予生态保护提供方以补偿。[1] 当生态保护补偿提供方和受益方是各个区域或不特定的人群时，由当地人民政府代表提供方和受益方落实生态保护补偿。而生态损害补偿，则与生态保护补偿相反，要求生态损害方提供补偿。从上述界定出发，我们可以总结出环境空气质量生态补偿法律机制的特性，主要包括以下三个方面：

第一，激励。"激励"在汉语中是"激发鼓励"的意思。法律除组织管理、惩戒外，还有激励功能。古今中外法律史上，无论是从宏观的思想、理念层面，还是从具体的制度、规则层面，都可找到法学的理论和实践者们对激励法的关注、论述和践行。"现代法治既要求权力制约与监督，也要求激励。"著名法学家罗豪才认为，"从动力角度，激励可以分为内滋激励与外附激励"，而"外附激励从方式上又可分为正激励和负激励。正激励是通过奖励等正面诱导，表现为一种拉力（pull）；负激励则是一种通过惩戒等负面推动力（push）"。[2] 该表述显然是从广义上进行界定。从日常习惯来看，激励的含义通常是正面的，"激发鼓励"的含义可以直接从激励二字中推导出来。罗豪才先生在《中国法学》上发表的另一篇论文则从狭义上使用"激励"，明确区分了"激励"与"制约"，指出"现代行政法正是通过制约机制与激励机制的协调运作，形成最佳的资源配置格局"。[3] 此处对激励与约束区分使用的方法，显然更符合学界习惯的常见用法。

激励法除了包含常见的法定准则，还具有自己的一些原则，如信赖保护、激励适时、激励适当等原则。[4] 在美国，传统的以最佳可得

[1] 寇江泽. 完善生态补偿，共护绿水青山 [N]. 人民日报，2021-09-22.
[2] 罗豪才. 现代行政法制的发展趋势 [M]. 北京：法律出版社，2004：350-351.
[3] 罗豪才，宋功德. 现代行政法学与制约、激励机制 [J]. 中国法学，2000（3）：77-88.
[4] 倪正茂. 激励法学要言 [J]. 东方法学，2009（1）：3-17.

技术为核心的命令控制型环境规制模式逐渐暴露出局限性与弊端，以经济激励和市场机制补充取代命令控制模式的环境法改革方案层出不穷。[1]我国自 1979 年首次制定的《中华人民共和国环境保护法（试行）》之后，通过对环境法治的发展、内涵的整理反思，并结合《中华人民共和国环境保护法》多次修订的大讨论，逐渐认识到激励机制的重要性。环境法学者巩固深刻指出，"中国环境法的根本问题在于实施不力，症结在于政府激励不足"。[2]现代环境法的基本内容和成功经验就是需要确立主体激励机制，通过调动政府、企事业单位和其他生产经营者的积极性，使其主观有动力、客观有能力履行环保职责，这是环境法治成败的根本。在以合法性和有效性演变为核心的国家治理逻辑下，中国环境管制模式"内部取向"存在一条自我发展的轨迹，即从"控制"走向"激励"。[3]环境保护法不只是用惩罚手段迫使人们收敛有害于环境的行为。各国环境保护法都普遍接受激励原则，并广泛使用激励措施。[4]2014 年修订的《中华人民共和国环境保护法》首次写入生态补偿条款。国家环境保护基本法　正式确立了生态保护补偿制度，并进一步强调通过加大财政转移支付力度、按照市场规则或各方协商确定的规制进行生态保护补偿等方式。《中华人民共和国环境保护法》作为我国生态环境保护的基本法，其制定重心在于基本原则、基本制度。具体的激励机制还有待各层级国家立法机关、行政机关和社会各方面的进一步发展和完善，环境空气质量生态补偿机制作为具有激励作用的法律机制，其出现是适时、恰当的。

　　第二，约束。法作为规范对社会生活的调整具有积极作用和消极作用。激励和约束是一对联系紧密的词汇，是对立统一的关系。激励机制和约束机制是密不可分的，二者从两个维度出发，可以促使生态

[1]　马允.美国环境规制中的命令、激励与重构 [J].中国行政管理，2017（4）：137-143.
[2]　巩固.政府激励视角下的《环境保护法》修改 [J].法学，2013（1）：52-65.
[3]　臧晓霞，吕建华.国家治理逻辑演变下中国环境管制取向：由"控制"走向"激励"[J].公共行政评论，2017，10（5）：105-128，218.
[4]　徐祥民，时军.论环境法的激励原则 [J].郑州大学学报（哲学社会科学版），2008，41（4）：42-46.

环境保护完整和全面的实现。当前我国生态环境保护的形势严峻，全国上下已经充分认识到进行生态文明建设需要"最严格的制度和最严密的法治"。环境法治的约束作用只能强化，不能松弛。"约束"在汉语中是"限制使不越出范围"的意思。约束在生态环境保护的宏观层面表现为落实各主体的义务、责任，微观层面则表现为通过各种约束性指标来实操。政府的生态环境治理义务与责任的履行和实现需要借助约束性指标。[1]

我国的环境法治最初就非常重视各主体的义务和责任，其是通过法律对污染环境的行为进行约束。1979的《中华人民共和国环境保护法（试行）》第六条规定，"一切企业、事业单位的选址、设计、建设和生产，都必须充分注意防止对环境的污染和破坏"。1989年的《中华人民共和国环境保护法》将其修改为"一切单位和个人都有保护环境的义务"。修改后的环境保护法明显扩大了环境保护义务的承担范围，从企业、事业单位扩大为一切单位和个人。一些单位的表述显然包括各级政府。2014年修订的《中华人民共和国环境保护法》对此前"一切单位和个人都有环境保护的义务"的规定予以继承，但在该条规定的环境保护义务的内涵上进行了丰富和完善。该条第一款强调了地方各级人民政府的环境保护义务，指出政府应当对本行政区域内的环境质量负责。然后才逐一分析企事业单位和其他生产经营者的环境保护义务，以及公民个人的环境保护义务。该规定既是我国环境法治中已有做法和规定的提炼和升华，也是对政府在统筹协调各种资源、综合治理、改善环境质量义务的强调。该条是对政府、企事业单位和其他生产经营者、个人等主体义务的规定，体现了法律约束的性质。

地方的环境质量是由该地方的大气、水、生物、土壤等自然要素

---

[1] 指标是中国政府在国家治理过程中出现的一个高频词。围绕国家治理领域的重要事项生成若干指标，通过分解、下放指标，对指标运行进行监督考核，将考核结果与党政干部政治升迁挂钩以保障治理任务的实现，形成了一种具有中国特色的治理机制。从发展历程看，指标治理经历了从政治指标到经济指标，再到预期性指标和约束性指标的变迁。参见：黄晗，燕继荣. 从政治指标到约束性指标：指标治理的变迁与问题 [J]. 天津行政学院学报，2018，20（6）：45-53.

在一定时期内的综合作用决定的。《中华人民共和国大气污染防治法》
作为大气环境保护特别法，约束性义务的规定非常丰富。面对以二氧
化硫为代表的煤烟型严重污染，我国的环境保护法进行了修订，该次
修订在第三条第二款直接规定地方各级人民政府对本辖区内的大气环
境质量负责。然而，该次修订仍然存在约束力度不够的问题，主要表
现为源头控制薄弱、重点难点针对不够、管控对象单一等诸多方面。
2014 年修订的《中华人民共和国环境保护法》将《中华人民共和国
大气污染防治法》中的立法经验上升为对生态环境保护的整体性要
求，并进行了提升。地方的环境质量又与当地的能源结构、产业结构、
产业布局、交通运输结构、用地结构甚至人口数量和历史长短直接
相关。全局性、系统性的生态环境质量问题，显然不是某些企事业
单位和其他生产经营者、个人等主体所能应对和解决的。因此，地
方政府显然比地方环境主管部门更适合承担责任者的角色。2014 年
修订的《中华人民共和国环境保护法》对地方政府的环境质量义务
责任进行了空前强化，地方政府生态环境法律责任在范围、事由等
方面实现全面扩充。

在关于约束的综合性规定明确之后，我国的生态环境保护法律还
进一步确立了环境保护目标责任制和考核评价制度。各级地方政府根
据国家分解下达的环境保护目标和治理任务，结合当地实际情况针对
性地采取有效措施，以改善环境质量，实现分解的目标。地方政府还
应当设计有保障性的环境保护规划，未达到国家环境质量标准的重点
区域的政府，应当制定限期达标规划，并采取措施按期达标。环境保
护规划作为 2014 年《中华人民共和国环境保护法》第二章监督管理
的第一条，显示了其在政府环境保护工作职责中的重要地位。各级政
府的环境保护规划应当包括生态保护和污染防治的目标、任务、保障
措施等内容，可以对政府的生态环境治理行动产生直接的约束。

为了实现环境保护目标、推动环境保护规划，地方政府应当加大

对环境保护的财政投入。2014年修订的《中华人民共和国环境保护法》第八条规定，"各级人民政府应当加大保护和改善环境、防治污染和其他公害的财政投入"。具体到生态补偿的投入方面，第三十一条明确规定，"国家应加大对生态保护地区的财政转移支付力度"。

在考核评价方面，生态环境法律还要求县级以上人民政府应当将环境保护目标完成情况纳入本级政府考核内容，针对的对象包括了负有环境保护监督管理职责的部门及其负责人、下级政府及其负责人等。考核的结果作为对其综合评价的重要依据，对上述考核对象的政治前途产生重要影响。考核的结果还应当公开，作为政府环境信息通过政府公报、政府网站、新闻发布会以及报刊、广播、电视等方式向社会公开。

《大气污染防治行动计划》是由国务院印发的阶段型大气污染防治行动计划，确立了各级政府的大气环境治理任务和目标。经过各级政府的不懈努力，总的来看，该项政策控制了主要空气污染物的排放量。但是分解不同污染物、分区域或者具体到不同城市的空气质量绝对值仍未达到国家控制标准。[1]2021年11月，中共中央、国务院印发了《关于深入打好污染防治攻坚战的意见》，其中的约束性指标包括：到2025年，地级及以上城市PM2.5浓度下降10%，空气质量优良天数比率达到87.5%，重污染天气基本消除。该意见的正式出台意味着污染防治攻坚战触及的矛盾问题层次更深、领域更广，对污染防治工作的要求也更高。该意见的出台显示了"十三五"的"坚决打好"转变为"十四五"的"深入打好"。国家层面的《大气污染防治行动计划》出台后，许多地方也明确规定"将生态环境质量逐年改善作为区域发展的约束性要求"。约束性的目标和要求，要求各地政府在继续发挥好行政手段的同时，需要加强将法治、经济等手段应用于约束性指标。

落实环境行政法律责任也是约束的重要方式。环境行政责任系违

---

[1] 杨斯悦，王凤，刘娜.《大气污染防治行动计划》实施效果评估：双重差分法 [J]. 中国人口·资源与环境，2020，30（5）：110-117.

反环境法律或行政法规所规定的行政义务或环境法律所禁止的事项而应承担的法律责任。目前，我国的环境行政法律责任的形式还有待丰富。一般而言，环境行政法律责任主要包括环境行政处罚、环境行政处分、环境行政赔偿。其中行政处罚和行政赔偿是针对行政相对人，行政处分是针对环境行政机关及其工作人员的环境行政责任。面对日益复杂的生态环境保护形势，环境行政法律责任有待完善。约束包括但不限于处罚、处分、赔偿，可以在现有的环境行政法律责任的基础上进一步拓展。

第三，生态补偿。我国的基本环境立法已经明确规定了生态保护补偿，但并未直接涉及生态损害补偿。在某种程度上这种做法与实践中大量存在的生态补偿包括生态损害补偿并不一致。目前生态损害补偿在我国受到重视，《生态环境损害赔偿制度改革方案》对生态损害做出了明确界定。中央全面深化改革领导小组第三十八次会议通过的生态损害赔偿改革方案指出，所谓生态环境损害是指因污染环境、破坏生态造成大气、地表水、地下水、土壤、森林等环境要素和植物、动物、微生物等生物要素的不利改变，以及上述要素构成的生态系统功能退化。由中共中央办公厅、国务院办公厅印发的《生态环境损害赔偿制度改革方案》并未出现在我国的生态环境立法中，"生态环境损害"的法律地位尚未存在明确规定。其不仅没有出现在作为环境基本法的《中华人民共和国环境保护法》中，其他生态环境保护单行法中，也未出现与生态环境损害直接相关的规定。生态环境损害对环境法学理论研究具有重要意义，甚至被认为是环境法学的逻辑起点。[1] 与民法中的侵权法所关注的个人的人身、财产方面的权益不同，生态环境损害包含人类的生态环境利益。在生态环境损害法律关系中，人类社会中的每一个人都是受害者，同时常常是加害者。生态环境损害不同于传统的人身、财产损害，生态环境损害实质上是对公共环境利益的

---

[1]　徐祥民，刘卫先.环境损害：环境法学的逻辑起点 [J]. 现代法学，2010，32（4）：41-49.

损害，具有模糊性、公共性和综合性。[1] 因此，选择由政府作为生态环境损害补偿的权利人和义务人便成了现实选择。

我国《生态环境损害赔偿制度改革方案》明确授权政府可以作为生态环境损害赔偿权利人向其他赔偿义务人提起生态损害赔偿磋商和诉讼。该授权的意义重大，解决了侵权法只能针对直接、具体环境侵权的不足。然而这一制度尚存在行政机关掩盖监管不力之嫌。[2] 目前，我国的环境法律责任体系并不完善，整体性的生态环境损害难以找到直接、具体的生态损害责任人。上述不足对大气环境保护尤其明显。通过生态补偿，特别是生态损害补偿可以在赔偿责任之后确立补偿责任。生态损害补偿法律机制的出现可以实现与生态环境损害赔偿制度的有机衔接，弥补生态损害制度的空白和不足。

同时，生态补偿法律机制重视生态环境保护，为生态环境保护行为带来的整体性生态环境改善予以补偿，从而实现了生态环境保护激励与保护协调发展。中共中央办公厅、国务院办公厅于 2021 年 5 月印发的《关于深化生态保护补偿制度改革的意见》将"强化激励，硬化约束"作为工作原则，明确提出运用法律手段规范生态保护补偿行为。加快健全有效市场和有为政府更好结合、分类补偿与综合补偿统筹兼顾、纵向补偿与横向补偿协调推进、强化激励与硬化约束协同发力的生态保护补偿制度。

三、省级环境空气质量生态补偿法律机制

我国生态补偿制度近年来发展成果丰硕。多个省市按照《中华人民共和国环境保护法》（2014）和国务院办公厅印发的《关于健全生态保护补偿机制的意见》，出台了一系列政策文件。不少地方也立足

---

[1] 王金南，刘倩，齐霁，等 . 加快建立生态环境损害赔偿制度体系 [J]. 环境保护，2016，44（2）：26–29.

[2] 曹明德 .《民法典》生态环境损害赔偿条款法理辨析 [J]. 法律科学（西北政法大学学报），2022，40（1）：58–72.

于自身实际，制定了许多行政法规、制度性文件。我国已经有多个省（自治区、直辖市）建立了环境空气质量生态补偿法律机制，并在实践中取得了保护环境空气质量的良好效果。

山东省在全国率先将生态补偿引入环境空气质量保护治理领域，2014年山东省政府以地方政府规章的形式，通过了《山东省环境空气质量生态补偿暂行办法》。环境空气质量生态补偿，简单地说，就是空气质量同比改善的市，对全省治霾做出贡献，省向市补偿；空气质量同比恶化的市，对全省治霾做了负贡献，市向省补偿，一季度一兑现一公开。依据各设区的市的环境空气质量同比变化情况，通过财政调拨、筹集实现生态补偿。

《山东省环境空气质量生态补偿暂行办法》规定以各设区的细颗粒物、可吸入颗粒物、二氧化硫、二氧化氮四种大气污染物的季度平均浓度同比变化情况为考核指标，建立考核奖惩，所涉资金用于生态补偿。根据暂行办法的实施情况，2015年12月山东省政府将生态补偿资金系数提高到40万元／（微克／立方米）。2017年3月修改的《山东省环境空气质量生态补偿暂行办法》，根据国家《大气污染防治行动计划》的要求，将"空气质量优良天数比例"作为一项生态补偿考核指标，提高生态补偿资金系数到80万元／（微克／立方米），并新增全年一次性奖励。该办法设立的环境空气质量生态补偿法律机制系全国首创，并根据实施情况进行了多次调整，取得了较好的实施效果，被国内多个省市所效仿。在治理目标上，山东省还率先规定，连续两年达到《环境空气质量标准》（GB 3095–2012）二级标准将给予专项奖励并可不参与下年度考核。

《山东省环境空气质量生态补偿办法》在2014—2020年实施期间，全省共下发空气质量生态补偿资金13.87亿元，环境空气质量生态补偿让地方千亿元资金投入治理。山东省通过生态补偿调动各市大气污染治理的积极性，有力推动了环境空气质量的改善。2020年12

月22日，山东省财政厅、省发展和改革委员会、省自然资源厅、省生态环境厅联合印发《关于修改〈建立健全生态文明建设财政奖补机制实施方案〉的通知》（鲁财资环〔2020〕28号），对《山东省环境空气质量生态补偿办法》进行了修订。本次修订依据2015—2020年全省环境空气质量的变化情况和"十四五"期间全省环境空气质量持续改善的形势，对细颗粒物、可吸入颗粒物、二氧化硫、二氧化氮、臭氧5项污染物的指标权重进行调整。

湖北省政府办公厅于2015年12月印发《湖北省环境空气质量生态补偿暂行办法》。该办法的出台标志着湖北省是继山东省，全国第二个通过环境空气质量生态补偿办法来治理大气污染、改善空气质量的省份。湖北省从2016年1月1日起在全省范围内推行环境空气质量生态补偿法律机制。根据《湖北省环境空气质量生态补偿暂行办法》的规定，该省对细颗粒物、可吸入颗粒物两种大气污染物进行考核，根据考核结果按照30万元/（微克/立方米）的标准进行生态补偿。根据湖北省环保厅核准的各城市环境空气质量自动监测数据，省生态环境主管部门按照考核对象环境空气质量同比变化情况，每季度公开发布各地的环境空气质量考核结果，然后将依据暂行办法规定计算出的省内各地生态补偿资金核算结果上报省政府，年底则由湖北省财政厅按年度调整相关地方的一般性转移支付资金额度进行激励或约束。湖北省生态补偿暂行办法明确规定，环境空气质量生态补偿奖惩资金统筹用于大气污染防治工作，确保所涉资金的生态补偿性质。

湖北省人民政府办公厅于2018年11月8日发布了《湖北省环境空气质量生态补偿暂行办法》（鄂政办发〔2018〕74号）取代了2015年的办法。新的《湖北省环境空气质量生态补偿暂行办法》主要是从补偿资金系数上进行调整，于2019年开始执行。

我国西部省份四川省，虽然地处西南内陆、长江上游，但是经济社会的快速发展，也产生严重的大气污染问题。加上四川盆地的特殊

季度 100%、二季度 60%、三季度 60%、四季度 120%，安徽省的办法依据一年中不同季度大气污染防治法行动的难易程度进行制定，避免"一刀切"。代表性省份的相关补偿办法见表 1.1。

表 1.1　代表性省级环境空气质量生态补偿办法主要内容

	山东省	湖北省	四川省
考核对象	地市、区县（市）	各市、州、直管市、神农架林区，县（市、区）及财政省管县体制管理的区（含武当山特区）	各市（州）
考核因子	PM2.5、O₃、SO₂、NO₂、CO 按比例计算	PM2.5、PM10 分别计算	PM2.5 年均浓度下降比例年度目标与 PM2.5、PM10、O₃、SO₂、NO₂、CO 同比下降目标分别计算
扩散系数	4 个市是 1.5，13 个市是 1	0.5~1	无
考核时段	按季度考核年度结算	按季度考核年度结算	按月、年通报，年度考核次年清算
资金来源	依据各市环境空气质量同比变化情况，向各市补偿或者由各市缴纳赔偿的资金	对环境空气质量改善的地方进行生态资金补偿，对环境空气质量恶化的地方缴纳生态补偿资金；扣缴的资金用于补偿空气质量改善的地方，不足部分由省政府统筹安排	省财政
补偿资金系数、补偿标准	污染物生态保护补偿资金系数为 80 万元/（微克/立方米）；空气质量优良天数比例补偿资金系数为 20 万元/百分点	市（州）的资金系数为 80 万元（微克/立方米），县（市、区）的资金系数为 40 万元（微克/立方米）	激励资金 1.3 亿~1.5 亿元/年度
考核目标	连续两年达到《环境空气质量标准》二级标准给予奖励并可不参与下年度考核	PM10、PM2.5 年平均浓度均达到《环境空气质量标准》二级标准的地区，若按办法计算结果为负值，不予扣缴资金	环境空气质量年度目标和同比改善状况

环境空气质量生态补偿法律机制的激励与约束涉及的生态补偿资金还强调了生态性。目前各省市的环境空气质量生态补偿暂行办法均对所涉及资金的使用进行了规定，明确限定了环境空气质量生态补偿

资金只能用于地方的环境空气质量改善和环境保护能力建设。四川省还特别规定了该资金不能用于楼堂馆所及人员、日常公用经费支出，从制度上防止了资金被挪用。

此外，目前有多个省份正在积极制定或准备制定有关的环境生态补偿办法，如湖南省在《湖南省大气污染防治专项行动方案（2016—2017 年）》明确提出，以环境空气质量逐年改善为目标，探索建立环境空气质量生态补偿机制。黑龙江省生态环境厅多次召开环境空气质量生态补偿办法研讨会议，要求尽快编制具有较强操作性和可实施性的环境空气质量生态补偿办法。空气质量生态补偿办法的科学合理制定和实施被誉为实现黑龙江省"十四五"环境空气质量改善目标的"硬手段"之一。

四、地市级环境空气质量生态补偿法律机制

目前，地市级环境空气质量生态补偿法律机制的设定方式主要有两种：一种是山东省、河南省、河北省、四川省、安徽省等省下辖的市（州）根据各自省级空气环境空气质量生态补偿办法结合当地特点而制定，包括下辖区县依据省政府的规章也有出台相应的环境空气质量生态补偿办法，其主要的内容与省级环境空气质量生态补偿法律机制差异不大，此处就不再赘述。还有一种情况是市级政府所在的省份并未出台相关的环境空气质量生态补偿办法，市政府为了推动当地的大气污染治理，改善当地的环境空气质量而学习借鉴外地的先进做法，在省级层面不存在环境空气质量生态补偿法律制度的情况下，在省内率先制定了有关环境空气质量生态补偿的政府规章。目前具有代表性的地方主要有宁夏银川市、河北石家庄市、贵州贵阳市和河北邯郸市等。

2013 年以来，银川市响应国家的大气污染治理行动计划要求，启动实施"蓝天工程"，加大治理大气污染力度，先后制定出台了《银

川市环境空气质量生态补偿暂行办法》《银川市大气污染防治行动计划（2014—2017 年）》《银川市 2016 年蓝天工程实施方案》等一系列规范性文件。《银川市环境空气质量生态补偿暂行办法》规定，银川市建立环境空气质量生态补偿法律机制，考核的对象是银川市下辖的各县（区、市）政府。该办法以环境空气中可吸入颗粒物、细颗粒物、二氧化硫、二氧化氮等四种大气污染物的季度平均浓度同比变化情况为考核指标。

银川市对上述四类污染物按照不同的考核权重对市辖的各县（区、市）实行季度考核，生态补偿资金系数定为 20 万元/(微克/立方米)，根据环境空气质量同比改善或恶化程度，按季度决定县（区、市）财政和市级财政之间生态补偿金的流向。市政府的办法规定，对于年度空气质量达到《环境空气质量标准》二级标准的县（区、市），由银川市给予一次性奖励。2017 年银川市政府还对该办法进行修改，主要体现在两处：一是根据国家考核指标，将优良天数比例增列为考核指标；二是针对实际情况，将治理工作中表现突出的秸秆等废弃物焚烧火点、裸露堆场、露天烧烤等三项工作直接纳入环境空气质量生态补偿金的核算。规定每发现一处违规情况，直接从地方季度空气质量生态补偿金中扣减 1 万～5 万元，有力促进了地方政府加强对当地突出问题的行政执法。

石家庄是河北首个实施大气质量生态补偿的城市。河北省石家庄市在 2015 年上半年制定出台了《石家庄市环境空气质量奖惩办法（试行）》。河北省的另一个省辖市邯郸市则于 2015 年 10 月出台了《邯郸市环境空气质量生态补偿办法（试行）》。河北省这两个地方生态补偿办法规定比较类似，都是由市政府每季度根据环境空气质量综合指数排名情况，分别决定相关县、市、区生态补偿资金的奖惩，从而构建区域空气质量生态补偿法律机制。通过有效的激励约束手段，促进了环境空气质量的综合治理。

石家庄市和邯郸市都采取每季度根据国家、省自动监测站环境空气质量综合指数排名情况，分别对相关县、市、区提供生态补偿资金奖惩。石家庄市的环境空气质量生态补偿涉及 7 个国控自动监测站和 17 个省控自动监测站所在的县（市、区），邯郸市则涉及 4 个国控自动监测站、2 个市控空气自动监测站所在的地区和省控空气自动监测站所在的 15 个县（市、区）。石家庄市和邯郸市按季度对平均环境空气质量综合指数由低到高进行排名，对排在前两位的区进行奖励，对排在后两位的区进行约束。石家庄市和邯郸市的制定办法也规定了行政上的约谈及问责制度。对某一个季度因排名靠后向市级财政提交生态补偿金的县（市、区），市政府将对地方政府主要负责人进行约谈。石家庄市和邯郸市制定的生态补偿办法还在约谈的基础上强化了对地方政府履行义务不力的惩罚，规定因连续两个及以上季度排名靠后提交生态补偿金的，由纪检监察部门对地方政府主要负责人进行诫勉谈话；对环境空气质量状况长期排名靠后的，则可依法依纪对有关领导及责任人实施行政问责。石家庄市和邯郸市制定的生态补偿办法约束措施在所有省市环境空气质量生态补偿相关立法中力度最大。

贵州省贵阳市在省内率先发布了《贵阳市环境空气质量生态激励约束考核办法》。贵阳市环境空气质量优良率近年来在全国重点城市中排名前十，空气质量连续 4 年达到国家二级标准。该市的空气质量生态激励约束考核办法以各区（市、县、开发区）的环境空气质量主要污染物可吸入颗粒物、细颗粒物平均浓度值和环境空气质量综合指数与上年差值为考核指标。《贵阳市环境空气质量生态激励约束考核办法》在此前基础上增加了考核激励约束机制。

综上所述，我们可以发现，现有的省市两级环境空气质量生态补偿法律机制不同以往的大气污染物排放控制制度，是以改善当地的环境空气质量为目标，以激励约束手段并重为特征，以监测、信息公开和约谈等具体制度为内容的完整体系。环境空气质量生态补偿法律机制不是直接就大气污染物的排放对政府问责，而是激励与约束并重，激励地方政府采取措施，积极履职，推动当地环境空气质量的改善。

第五节　环境空气质量生态补偿的法律关系

法律关系最初是康德在讨论权利与义务时引入的一个概念，后逐渐发展成为法学领域的基本概念。作为法学教义的法律关系理论企图整合权利、义务、主体、客体、事实、制度等一系列重要法律概念，让混杂的法律话语有序地安排在统一的体系内。[1]法律关系既是我们理解法的性质和作用的重要入口，也是我们分析各种法律问题的重要工具。[2]环境空气质量生态补偿法律关系也具有重要的工具作用。通过观察现有的法律关系，我们可以分析当代社会环境空气质量生态补偿法律机制运行的现实状况，了解其发挥具体的激励和约束作用。另一方面，我们需要依靠法律关系作为分析工具，分析环境空气质量生态补偿所适用的各种类型的法律规范，确定其主体、客体，明晰环境空气质量生态补偿法律关系主体的权利、义务和责任。

一、法律主体

法律关系的主体系指在法律关系中享有权利和履行义务的个人或组织。主体是法律关系中的主导性因素。从理论上看，个人、组织、国家都是常见的法律关系的主体。随着生态主义运动和动物保护主义运动的蓬勃兴起，个人、组织、国家这些主体以外的其他主体，动物、植物和生态环境开始被逐步认定为法律关系的主体。一些西方国家已经承认动物可以成为某些法律关系的主体，如美国出现以动物为原告

[1]　唐晓晴.法律关系理论的哲学基础与教义结构 [J]. 法治研究，2019（3）：109-119.

[2]　张文显.法理学 [M]. 北京：高等教育出版社，1999：159.

的诉讼。[1] 不同国家对法律主体的定位不同，什么样的主体能够成为法律关系的主体，取决于该国法律的规定。

作为我国环境保护基本法的《中华人民共和国环境保护法》，其并未直接界定法律主体。2014 年的《中华人民共和国环境保护法》第六条概括性地规定了一切单位和个人都有保护环境的义务。《中华人民共和国大气污染防治法》也规定了各级政府、企事业单位和其他生产经营者、公民的相关权利义务。上述规定也可以看作对法律主体环境保护义务的规定。基于权利与义务的对应性，各级政府、企事业单位和其他生产经营者、公民都应在《中华人民共和国宪法》和《中华人民共和国环境保护法》的规定下享受权利、承担义务，成为环境保护法律关系的主体。大气环境保护领域的法律主体在理论上也包括了上述三种。

作为在这些生态环境保护污染防治法律下创设的新机制，环境空气质量生态补偿法律机制的主体也应包括上述主体。环境空气质量作为生态利益具有强烈的公共利益属性，决定了环境空气质量生态补偿法律机制只能是政府补偿为先。作为不同于一般法的特殊法，我国环境空气质量生态补偿法律对实践的总结、梳理，限于环境空气质量生态补偿的发展阶段和特性，可以发现目前我国的环境空气质量生态补偿法律关系，政府是主要法律主体。

（一）各级政府

政府有广义和狭义之分，广义的政府与国家接近。国家与政府在许多场合是混用的，政府经常以国家的名义出现，广义上二者是混同的。"无论哪个政府概念，分析到最后，都是以国家的名义向其同胞发号施令的一组人。国家的管理（一个社会内法律关系的管理）即操持在那些主持政府、具有行使主权之正式权力的那批人手中。"[2] 狭

[1] 张文显.法理学 [M].北京：高等教育出版社，1999：162.
[2] 拉斯基.国家的理论与实际 [M].王造时，译.北京：商务印书馆，1959：105.

义的政府仅指国家行政机关。卢梭指出，"政府就是在臣民与主权者之间建立的一个中间体，以使得两者得以适应，它负责执行法律并维持社会及政治自由。我把行政权力的合法运用称之为政府或最高行政"。[1] 政府与国家是两个紧密联系又相互区别的概念，在生态环境保护问题上应予以区分。国家生态环境义务包括了立法、行政、司法三个主要方面：由国家立法机关通过立法制定良好的生态环境法律，确立法律关系、建立基本制度；由行政机关执行生效的法律，维护正常的生态环境法律秩序；由司法机关提供法律救济以矫正违反法律对正常生态环境关系的负面影响。国家的环境义务具有抽象性、广泛性，而狭义的政府环境义务等同于行政机关的环境义务，更为具体且针对性强。如果说宪法中可以更多地使用"国家"这个概念，那么作为具体化宪法任务的部门立法，就不能再笼统地使用"国家"这个概念，否则会导致相关义务和责任的模糊化和虚化，不利于公民环境权益的保障。[2] 国家在生态环境保护方面的义务主要且直接从行政机关的义务上得到体现。

依据宪法、法律、行政法规和政策规定，政府在生态环境保护利用法律关系中可以担任多重主体角色。一方面，以行政机关身份作为国家行政职能的执行者，依据法律规定的权力向公众赋予开发利用各种自然资源、向生态环境排放一定限度污染物的权力。另一方面，政府有义务制定行政法规和政策，保护生态环境，防治污染和防止其他危害的发生。与此同时，宪法和相关法律规定了政府未能依法有效行使权力和承担义务时应当承担的责任。在环境空气质量保护领域，政府可以作为监督主体、被监督主体两种身份出现。

第一，监督主体。政府作为其管辖地区公共事务的管理者，在大气环境保护中具有法定的、不容回避的义务，应积极运用法律、经济、政治、文化、宣教等综合手段治理大气污染、保护大气环境。大气污

[1]　卢梭. 社会契约论 [M]. 何兆武，译. 北京：商务印书馆，1980：76-80.
[2]　陈真亮. 环境保护国家义务研究 [M]. 北京：法律出版社，2015：96.

染日趋严重的成因复杂，其治理既需要从宏观层面上重视生态环境保护，推进生态环境保护制度的完善，也需要各级地方政府根据各地经济发展状况、产业结构布局、能源消耗情况以及发展规划定位情况等，采取因地制宜的差异性治理措施。具体而言，政府的环境责任主要包括从整体上保证大气环境质量，并制定规划使其逐渐改善；严格执行相关环境法律法规及政策，根据大气环境质量标准确保企事业单位和其他生产经营者的大气污染物排放达标，以防止、减少大气污染；教育、鼓励、促进公众增强大气环境保护意识，积极采取环保、节能的生活方式，并监督各级政府在大气环境保护中的各种行政行为；各级政府还应当对在大气环境保护中的不作为或乱作为行为承担相应法律后果。

此外，2015 年修订的《中华人民共和国大气污染防治法》新增了"逐步改善"的规定。该规定是在 2000 年修订的《中华人民共和国大气污染防治法》规定的使本辖区大气环境质量达到规定标准义务的基础上提出的。新增的"逐步"改善使得地方各级人民政府承担的大气环境空气质量的法律义务不仅要达到国家标准，还应在达到最低标准的基础上通过制定规划、创新制度、采取措施，继续控制或逐步削减各种大气污染物的排放量，使环境空气质量逐步改善。这一目标的修改，不仅有利于本地区生态环境的改善和更好地保护本地区人民群众的身体健康，还可以起到对其他落后地区的督促和示范作用。

第二，被监督主体。由于影响大气环境质量的因素非常复杂，能够承担统筹协调各种资源，推进综合治理改善大气环境质量义务的只有各级人民政府。规定地方各级人民政府应当对本行政区域的大气环境质量具有法律义务的条款出现在 2015 年修订的《中华人民共和国大气污染防治法》第三条。该条规定的法律渊源为 2014 年修订的《中华人民共和国环境保护法》。作为环境保护基本法，《中华人民共和国环境保护法》第六条第二款要求地方各级人民政府应当对本行政区域的环境质量负责。这些规定体现了各级政府在大气环境保护方面应当承担相应的义务，作为被监督主体，如果各级地方政府怠于履行义务，那么将面临各种法律责任。

近年来，我国重污染天气频繁发生，大多数城市空气质量不达标与各级政府密切相关。改革开放以来，我国在"以经济建设为中心"的目标指引下，各地方政府推动本地区经济增长的积极性被调动起来。地方政府官员的政绩考核和升迁直接与地方经济发展总量和速度挂钩，部分地方政府过度追求经济发展。在地方经济快速增长与地方生态环境日益恶化发生冲突后，快速增长的经济总量远比保护生态环境给国家带来的经济效益和政治效益高。西方国家曾出现过的"先污染、后治理"的老路又在一些地方重现了。在追求经济增长的观念的指导下，地方政府既要推动经济增长，又要保护生态环境就成了一句"口号"。在此模式下，保护生态环境为经济增长让路就成了很"正常"的事情。时任国家环境保护部副部长潘岳指出："地方政府在环境保护方面不作为、干预执法及决策失误是造成环境污染问题久治不愈的主要根源。"[1]在这些背景下，生态环境保护法应当对地方各级人民政府在本行政区域的环境质量责任做出规定，并将各级地方政府置于生态环境保护被监督的主体地位。

《中华人民共和国环境保护法》（2014）还提出了环境保护目标责任制度。该法第二十六条作为新增条款，规定了国家实行环境保护目标责任制。全国人民代表大会常务委员会法制工作委员会编的法律释义丛书指出，"环境保护目标责任制，概括地说就是确定环境保护的一个目标，确定实现这一目标的措施，签订协议，做好考核，明确责任，保障措施得以落实、目标得以实现"。[2]该制度设置的目标首要落实主体是各级地方政府。各级地方政府分解目标后，再明确具体的企事业单位和其他生产经营者的污染物排放目标。各级政府通过发

[1] 郄建荣 . 环保部官员称政府不作为等系环保顽疾主要根源 [N]. 法制日报，2011-11-15.

[2] 信春鹰 . 中华人民共和国环境保护法释义 [M]. 北京：法律出版社，2014：90-91.

挥作用，层层分解落实环境保护目标，可以确定某一个部门甚至某一个区域的环境保护责任者和责任范围。环境保护目标责任制是分解、落实改善环境质量任务的重要机制。作为新增条款，该条虽然未深入提出"环境保护目标责任制"的具体内容，但是后续制定的行政法规、环境保护政策对地方政府的环境保护目标责任制度进行了落实，"按照属地管理的原则"就被明确作为环境保护部、国家发展和改革委员会、财政部关于印发的《重点区域大气污染防治"十二五"规划》的指导原则。该规划还明确区域内污染减排的责任与主体，并在"保障措施"中明确规定，"地方人民政府是重点区域大气污染防治规划实施的责任主体"。在实施煤炭消费总量控制、秸秆焚烧环境监管等具体举措上，也明确了地方政府的环境目标责任追究制度。国务院对《重点区域大气污染防治"十二五"规划》的上述举措予以肯定，同时规定，重点区域各省（区、市）人民政府是《重点区域大气污染防治"十二五"规划》实施的责任主体。正是基于这些规定，地方政府为落实环境空气质量目标，成为环境空气质量生态补偿法律机制的主体。

（二）企事业单位和其他生产经营者

企事业单位和其他生产经营者直接排放环境污染物，企事业单位和其他生产经营者是环境污染治理的第一责任主体。[1]各种生态环境法律法规都规定了企事业单位和其他生产经营者应当采取有效措施，防止、减少环境污染。只有提高其治污意识，落实其承担的主体责任，才是大气污染治理的根本之道。在大气污染治理方面，企事业单位和其他生产经营者是大气污染物的直接、主要排放者。《中华人民共和国大气污染防治法》第四章规定的大气污染防治法措施，分别对燃煤和其他能源污染防治、工业污染防治、机动车船等污染防治、扬尘污染防治、农业和其他污染防治等方面进行了规定，涉及这些行业的企

---

[1] 信春鹰．中华人民共和国大气污染防治法释义 [M]．北京：法律出版社，2015：20．

事业单位和其他生产经营者的权利义务，对这些行业的企事业单位和其他生产经营者排放大气污染物的情形进行了详尽规定。

在生态补偿法律关系的建构上，企事业单位和其他生产经营者是可以作为法律主体出现的，其并不存在法律上的障碍。在国内外生态补偿的多个领域，如森林、草原、河流等生态补偿的法律关系中，企事业单位和其他生产经营者皆可作为法律主体出现。在现有的环境空气质量生态补偿法律关系中，企事业单位和其他生产经营者并未作为主体出现。本书认为，大气具有流动性强的特征，而排放大气污染物的企事业单位和其他生产经营者具有数量庞大的特点，二者的综合作用使得企事业单位和其他生产经营者暂未并列为环境空气质量生态补偿法律关系的主体。

企事业单位和其他生产经营者是大气污染物的排放者，对这些主体的排放行为进行激励和约束同样具有必要性，其在理论上可以成为环境空气质量生态补偿法律关系的主体。鉴于我国的环境空气质量生态补偿法律机制尚处于初创阶段，将数量庞大的企事业单位和其他生产经营者纳入法律机制的现实难度还很大，现阶段暂不具有可行性。随着环境空气质量生态补偿法律机制发展、完善，环境空气质量生态补偿法律关系主体可以从政府扩大到企事业单位等生产经营者乃至个人。相信随着环境空气质量生态补偿法律机制的发展和完善，企事业单位和其他生产经营者将成为环境空气质量生态补偿法律关系的主体，其直接承担减少大气污染物排放总量、改善环境空气质量的义务和权利的时刻将会到来。

二、法律客体

法律关系的客体是法律关系主体发生权利义务关系的中介。客体是法律关系不可或缺的构成要素，是法律关系产生和存在的前提。法律关系的客体是与主体相对的范畴。缺少客体，作为法律关系内容的权利和义务就没有意义。通常认为，作为法律关系客体的事物具有以下四个特性：客观性、有用性、可控性和法律性。[1] 从这几个特性出发，我们可以确定常见的法律关系客体一般包括物、行为、精神财富和其他权益。

作为环境法律关系客体的环境资源具有强烈的生态性而非经济性，环境法所保护的环境资源被认为是典型的公共物品，这些特点使得环境法律关系的客体具有不同于其他法律关系客体的特殊性。通常来说，能够反映环境与资源保护法律关系特点的主要客体是环境资源物和对环境资源有影响的行为。而具有环境效益的非物质财富也是环境与资源保护法律关系的客体，它主要表现为一定的环境效益与生态功能。这类客体可能通过人类的主观感受（如蓝天白云、青山绿水、碧海白沙等）表现出来，也可能通过人类的被动接受（如呼吸新鲜空气、享受安静舒适的状态等）实际获益。[2] 大气污染物是否可以成为法律关系的客体这一话题经历了长时间发展。清洁的空气、不受干扰的环境曾经并不被认为属于法律关系的客体。古希腊哲学家亚里士多德曾指出："凡是属于最多数人的公共事物常常是最少受人照顾的事物，人们关怀着自己的所有，而忽视公共的事物；对于公共的一切，他至多只留心其中对他个人多少相关的事物"。这一特点在人类社会的法律上也得到了体现。在罗马法下，任何人拥有空气或者其他具有社会重要性的环境物品都被认为是违背自然法的。[3]《查士丁尼法学阶梯》规定，"根据自然的法律，这些动向——空气、流动的水、海洋以及海岸——属于人类共有"。近代思想家格劳秀斯在其名著《论海洋自由》中，也从海洋是不能占有的特性出发论证了海洋自由的中心论题。[4] 类似的推论也适用于空气，盖因其不能完全符合当时法律

[1] 张文显.法理学 [M].北京：高等教育出版社，2018：157–158.

[2] 黄锡生，史玉成.新编环境与资源保护法学 [M].重庆：重庆大学出版社，2019：24.

[3] 丹尼尔·H.科尔.污染与财产权：环境保护的所有权制度比较研究 [M].严厚福，王社坤，译.北京：北京大学出版社，2009：2.

[4] 格劳秀斯.论海洋自由或荷兰参与东印度贸易的权利 [M].马忠法，译.上海：上海人民出版社，2005：11.

关系客体的标准——不能被占有，也不能成为法律关系的客体。包括了地球空气整体的大气环境虽然具有客观性和有用性，但不能满足成为人类可以控制之物的标准，因而难以成为法律关系的客体。

作为近代工业革命的发源国，英国面临工业革命带来的严重环境污染。工厂和家庭燃煤取暖所排放的烟尘和废气是英国产生大气污染问题的主要原因。英国相关大气污染治理法令的制定是从煤炭的使用开始的，它也是最早颁布法令对煤炭使用进行限制的国家。早在 1273 年，英国伦敦就发布了限制使用煤炭的命令，基于对健康极为有害的理由管制煤炭作为燃料使用的问题，并保存了 1307 年设置的有关防止大气污染调查委员会的记录。[1] 英国针对大气污染行为的立法和执法，回避了人类社会当时技术水平难以控制的对象，而选择了易于掌控且与大气污染物排放直接相关的煤炭，顺利建立了有效的法律关系。1843 年，英国还通过了控制蒸气机和炉窑排放烟尘的法案、1847 年英国制定了包含关于控制工厂排烟规定的《城市改良条款法》、1863 年的《碱制造业控制法》、1926 年的《公共卫生 (烟害防治) 法》、1930 年英国制定了对车辆排放废气进行规定的《道路交通法》等。英国控制大气污染的历史经验表明，尽管颁布了很多关于大气污染治理的法律，但其作用并没有想象的那么大。1840—1950 年，英国空气污染的治理应该更多地归功于经济与技术的进步。[2]

1955 年，《清洁空气法》在英国议会下院二读被通过，1956 年正式生效。该法作为全球第一部有关空气污染防治的法案，也是一部针对英国伦敦"烟雾事件"的教训具体化了的法律。《清洁空气法》依托科学技术，对限制黑烟排放的技术指标进行了明确规定。《清洁空气法》规则量化和公式化的特点得到充分体现，如该法案具体详细地规定了烟囱高度、黑烟浓度和煤尘密度等指标。[3] 该法对大气污染

---

[1] 赵承杰. 英国对大气污染的法律调整 [J]. 国外环境科学技术，1989，14（1）：88-92.

[2] 布雷恩·威廉·克拉普. 工业革命以来的英国环境史 [M]. 王黎，译. 北京：中国环境科学出版社，2011:30.

[3] 赵承杰. 英国对大气污染的法律调整 [J]. 国外环境科学技术，1989，14（1）：88-92.

法律关系的客体也进行了扩展。各国关于大气污染治理法律中的法律客体逐渐丰富起来，其中我国的环境空气质量生态补偿法律关系中，法律客体主要有以下三种：

（一）大气污染物

在人类科学技术水平还不发达的时期，大气污染物还难以得到控制，难以完全由法律进行调整，其成为主体的权利和义务的指向对象还存在诸多困难。然而，随着科学技术的不断发展，大气污染物特别是人类活动排放的大气污染物，表现为一种不同的物质实体，其由人类活动引起，人类也可以逐渐对其进行控制。大气污染物可以受到法律的调整，是环境资源保护法的防治对象，也可以是主体权利和义务的对象。

对大气污染物进行浓度、总量控制已经进行了多年，在此基础上我国还形成了排污权交易等制度。这些制度直接将大气污染物作为法律关系的客体。环境空气质量生态补偿法律机制也规定大气污染物为客体。关于大气污染物的总量控制规定在推动环境空气质量改善方面的作用还存在争议，但是同时实施对大气污染物的总量控制与其他污染治理措施仍然是大气污染治理的重要手段和方式。各省市的环境空气质量生态补偿办法都存在类似的规定，将细颗粒物、可吸入颗粒物、二氧化硫、氮氧化物等空气污染物的平均浓度同比变化情况作为相关办法的考核指标，通过对单位时间内具体的大气污染物的浓度同比变化情况的考察，确定各主体的权利和义务。

（二）大气环境资源行为

法律主体所实施的行为受到其自身意志的支配和控制，反映了法律主体在主观上对一定社会价值的认同，也反映了主体对某些利益和行为结果的追求，并具体表现为相应的活动方式的选择。环境资源行为是环境与资源保护法律关系中的最重要、最经常的客体[1]。大气环境资源行为是指大气环境资源法律主体在开发利用和保护改善大气环境资源的过程中，在占据主导地位的社会思想的指引下，为达到协调人类与环境关系的目标而进行的有意识、有目的的活动。大气环境资源行为总体上包括了管理主体的监督管理行为、被监督主体排放大气污染物以及两种主体防治污染、保护生态而实施的各种行为。大气环境资源行为包括各种开发、利用、保护和改善生态环境的行为，污染治理和管理生态环境的行为。

大气环境资源行为是受到大气环境资源法律法规调整和规定的行为。包括大气环境保护法律在内的环境与资源保护法主要调整由国家干预的社会关系，而环境法律法规对此类关系的调整是通过政府制定的相关法规所规定的管理机关的职权以及如何实施这些职权来实现的。同时，法律主体对大气环境资源的开发利用行为又与经济社会发展密不可分，这些行为能够产生社会效果，造成社会影响，具有交互性。

在主体意志指引下具有社会意义的行为与社会利益发生各种各样的联系，这些联系可能与社会利益一致，也可能与社会利益产生矛盾和冲突。由于主体行为的社会指向，并且可能造成社会矛盾、冲突和危害生态环境，主体行为才有可能也有必要受到包括环境法律在内的法律的调整。大气环境行为是能够发生法律效力或产生法律效果的行为，这些行为处在一定的法律关系中，可以对其他行为产生支配力量，也可以受其他行为支配。大气环境资源行为一旦做出，就必然受到法律的约束或保护。

（三）环境空气质量

法律关系客体是可以根据经济社会的发展而不断变化的，因此客

---

[1] 黄锡生，李希昆.环境与资源保护法学 [M].3 版 . 重庆：重庆大学出版社，2011：23.

体的范围并非固定，而是不断有新的类型涌现。法律关系所赖以存在
的社会是不断发展变化的——新事物的不断出现，新的法律事实的出
现和确定，新的法律关系不断被确定，法律关系客体的范围必然要相
应发生变化，不断有新的事物被法律设定为法律关系客体。[1] 具有环
境效益的非物质财富与功能也是环境法律关系的客体，它表现为一定
的环境效益和生态功能。具有环境效益的非物质财富可能会通过人类
的被动接受，如呼吸新鲜的空气、享受安宁舒适的环境等而获益。因此，
环境空气质量可以被视为此类客体。

环境空气质量是大气环境资源行为的后果，是通过主体行为产生
的后果。许多省市出台的系列法律政策，包括环境空气质量生态补偿
法律制度，直接对环境空气质量进行规定。许多省市的环境空气质量
生态补偿办法都规定，对于整体环境空气质量能够达到《环境空气质
量标准》（GB 3095-2012）的地方政府，可以对其给予直接奖励。

三、主客一体

所谓的主客一体，是将主体和客体与人和自然这两组不同性质的
关系联系起来、组合起来，进行综合考虑。[2] 主客一体范式倡导的价
值观是人类生态系统整体主义。生态整体主义伦理的特点是以包括人
在内的生态系统整体为中心，它既承认"人是生态系统最精致的作品"
"具有最高内在价值的生命"，又强调以生态系统的整体利益和内在
规律去衡量人类自己、约束人类的活动，使人类"所允许的选择都必
须遵从生态规律"。[3] 主客一体范式既承认人的外在价值和人的内在
价值，也承认自然物的外在价值和内在价值，认为人与自然各有其价
值和目的。主客一体的范式表明，在相互联系的两个事物中，主客双

---

[1] 孙春伟.法律关系客体新论 [J].上海师范大学学报（哲学社会科学版），2005, 34（6）: 55-59.

[2] 蔡守秋.基于生态文明的法理学 [M].北京：中国法制出版社，2014: 9.

[3] 霍尔姆斯·罗尔斯顿.环境伦理学：大自然的价值以及人对大自然的义务 [M].杨通进，译.北京：中国社会科学出版社，2000: 16, 99.

方是相互依赖且共存的，主客双方位置是可以根据具体情况变化而不断变化的。

"主客二分法"即"人与自然二分"，其核心在于人类中心主义，强调只有人才是主体，在这一范式下，人以及由人所创建的团体（如公司、组织、政府等）才是法律关系的主体。在主客一体的范式下，世界由人、人能控制支配的物、人不能控制支配的物，以及其他既不能简单地归类于人又不能简单地归类于物的东西组成。世界不仅仅是由人和人能控制支配的物组成的，而且是由多种物质要素组成的，包括未知要素。在环境空气质量生态补偿法律关系中亦是如此，包括政府、企事业单位、公民个人、大气环境、大气污染物、大气环境资源行为、环境空气质量等。大气环境既是一种环境要素，也是一种资源，随着科学技术的发展和人类的进步，还有新的要素或资源也会出现。

大气环境的法律地位又是如何确定的呢？按照传统法学研究的视角，大气环境不能具有法律主体资格与地位，但能确定的是其具有主体权利义务指向对象的客体地位。部分学者基于非人类中心主义理念，主张自然具有主体地位。美国新环境理论的创始者、"生态伦理之父"奥尔多·利奥波德认为，人类是生物共同体的普通公民，而不是大自然的主宰和凌驾于其他所有物种之上的"大地的主人"。[1] 伦理学家罗德里克·弗雷泽·纳什在对环境伦理学的历史进行梳理后明确指出，伦理以前的时代是以自己为中心的；在过去的伦理时代其不断扩大到家族、部落、地域；而现在的伦理时代又扩大到种族、国家、人类，并兼顾动物；在将来的伦理学中，则将要扩大到动物、植物、岩石、生态系统、地球甚至宇宙等。在司法实践领域，"塞拉俱乐部诉美国内政部长莫顿案"引发了关于自然物是否具有法律权利的大讨论。作为美国有影响力的环保组织，塞拉俱乐部强烈反对美国联邦政府内政部林业局决定允许在加利福尼亚国家公园矿金峡谷建设和经营一个滑

---

[1]　奥尔多·利奥波德.沙乡年鉴[M].侯文蕙，译.长春：吉林人民出版社，1997：181-182.

雪场所，同时将其开辟为夏季避暑胜地的行政许可，认为美国内政部的行政许可严重破坏了当地环境也违反了联邦法律。塞拉俱乐部与美国内政部协商未果遂在加利福尼亚北部的地区法院以内政部长莫顿为被告提起了环境诉讼。美国内政部则主要以塞拉俱乐部不具备诉讼资格为由进行抗辩。塞拉俱乐部诉莫顿案几经周折，一直上诉至美国最高法院，这起诉讼案件被称为"环境公益诉讼有关诉讼资格问题最经典的判例"。[1]针对该案，法学家朱利叶斯·斯通非常认真地提议，应该赋予森林、海洋、河流和其他所谓的"自然物体"——确切地说，是整个自然环境——的法律权利。法学界人士则试图将自然的道德权利转化为法律权利，并为此提供了理论框架。

　　许多国家制定了承认自然物体为法律主体的法律，一些国家的法院也授予自然物体法律权利。厄瓜多尔2008年的宪法纳入了名为"自然的权利"章节。该章承认，自然有权全面尊重其存在及其生命周期、结构、功能和进化过程的维持和更新。其中第71条还规定，所有个人、社区、人民和国家都可以要求公共当局强制执行自然的权利。印度北阿坎德邦高等法院在判决中赋予恒河及其主要支流亚穆纳河以法律主体的地位。该法院宣布，恒河和亚穆纳河及其他支流是"具有法人地位的法律和生活实体，还拥有所有相应的权利、义务和责任"。因此，污染河流将在法律上等同于伤害个人。为了保护该河流及其支流，3名官员被任命为法律监护人，法院命令成立一个管理委员会。该法院宣布，"由于全球变暖、气候变化和污染，河流、森林、湖泊、水体、空气和冰川的存在正受到威胁"。法院进一步强调，"气候变化是冰川面临的主要威胁之一，需要赋予它们人格"。此外，新西兰、菲律宾、哥伦比亚等国出现了类似立法和大量相关案例。我们可以看到，把自然物看作法律主体，人类社会已经取得了很多进展。赋予自然物体法律地位和权利，允许对其进行法律救济将加强对其的保护。

---

[1]　严厚福.塞拉俱乐部诉内政部长莫顿案的判决[J].世界环境，2006（6）：28-33.

代表国际社会主流看法的是联合国大会通过的全球自然保护的纲领性文件——《世界自然宪章》。1982年《世界自然宪章》指出，"文明根植于自然""人类是自然的一部分；地球上的任何生命形式都是独特的，都应予以保护"。《世界自然宪章》确立的基本原则包括了"应尊重大自然不得损害大自然的基本过程"的规定，并进一步要求将《世界自然宪章》所载列的各项规定列入每个国家以及国际法律中，并由各国予以实行。《世界自然宪章》的精神对后来的国际环境法和国内环境法产生了直接的、巨大的影响。如1992年联合国通过的《生物多样性公约》就强调，"生物多样性的保护是全人类共同关切的事项"，这一规定显然秉承《世界自然宪章》的精神。学界的主流观点认为，生态中心主义主张人类与物种、动植物、自然之间的不平等，但是这些不平等起到关键作用的恰恰是人类社会之间的不平等。人与人之间的关系是影响人与自然关系的更深层次的因素，虽然其影响是间接的，但却具有决定性意义。[1]

在环境空气质量生态补偿法律关系中，相关法律法规认可大气环境自身具有其特殊的价值，要求对大气进行补偿，这实际上赋予了大气环境享受一定权利的准主体资格。对于环境空气质量生态补偿法律关系中大气环境是主体还是客体这一问题，我们也可以从主客一体的视角来审视。从实践角度看，环境空气质量生态补偿法律机制的产生既是基于不同主体之间的矛盾，也是基于政府、企事业单位等不同主体与作为客体的大气环境之间的矛盾。在法律关系的确定上，除了体现保护相关主体的利益，也应当体现大气环境的利益；在考虑经济利益的同时，应考量生态利益。在环境空气质量生态补偿法律关系中，地方政府是主体，大气环境及其组成部分是客体。地方政府通过努力提升环境空气质量，并获取生态补偿金，这些资金用于大气环境保护，以进一步改善环境空气质量，使大气环境逐渐从单纯的法律关系客体

---

[1] 曹明德. 从人类中心主义到生态中心主义伦理观的转变：兼论道德共同体范围的扩展 [J]. 中国人民大学学报，2002，16（3）：41-46.

获得主客体统一的法律地位。

四、法律关系的内容

本书采用的是广义上的生态补偿定义，即生态补偿是对作为新的利益类型的"生态利益"进行保护与衡平的制度安排，其实质是针对特定主体之间因生态利益的相对增进或减损而进行的补偿。[1] 广义的定义对生态补偿内涵的设定比较丰富，认为生态补偿既有约束性也有激励性，既是一种经济手段，也是一种法律制度，既包括法律后果，也涉及法律责任。广义的定义更明确地强调了生态补偿机制建立的目的是确保环境使用权益的公平性。目前关于生态补偿的大量实践在相当大程度上印证了上述定义，但主要表现为增进生态利益供给、促进生态环境保护的地区获得激励性质的补偿。在目前的法律制度中，我国关于生态环境使用权行使的各种侵权责任法律制度，可以保障个人、集体人身和财产等权利因生态环境破坏获得公平的经济赔偿。对于那些没有达到刑事责任标准和生态损害赔偿标准的现象，并没有惩罚性的补偿规定对消费生态利益供给、破坏生态环境保护的法律主体进行要求。在生态利益方面，虽然过度行使环境使用权、侵害生态利益的行为大量发生，但是还没有可以依据的相应制度、规则对其进行应对和约束。同时，保护生态环境、促进生态利益产出的行为无法获得有效激励。上述这些不公平现象在环境使用权的行使过程中大量出现，生态环境保护法治不能对此视而不见。有识之士一直呼吁尽快大范围推行生态补偿法律机制，以经济手段为主要调节手段，对生态环境保护者予以激励，对生态环境的破坏者进行约束，从而达到维护生态环境使用权的公平性、促进环境的可持续发展、推动生态文明建设、满足人民美好环境生活需要等。环境空气质量生态补偿法律机制的出现

---

[1] 史玉成.生态补偿制度建设与立法供给：以生态利益保护与衡平为视角[J].法学评论,2013,31（4）:115-123.

克服了环境空气质量保护领域存在的上述不足，既有激励性补偿，也有约束性补偿，更有利于实现环境使用权行使的公平性。

环境空气质量生态补偿法律机制对环境空气相关的生态利益进行再次分配，建立了社会经济发展和大气生态环境保护之间的矛盾协调机制，充当了"蓝天白云""青山绿水"的保护者与"金山银山"的受益者之间的利益调节器，以更好地实现环境使用权的公平性。目前，环境空气质量生态补偿法律机制在部分地区的实践表明，环境空气质量同比改善的地区，可以根据改善的幅度从上级财政拿到一定数量的生态补偿金，用于本地区的生态环境建设；环境空气质量同比恶化的地区，要根据恶化的程度向上级财政交纳一定数量的生态补偿金，本地区经济社会的发展态势也会受到影响。

对生态环境保护者予以"激励"，对生态环境的破坏者予以"约束"，激励和惩罚并举，让以不同的方式行使环境使用权的主体得到不同的结果，体现了公平的价值追求。现有的环境空气质量生态补偿法律机制在省市两级层面运行，生态获益地区提供补偿资金，生态保护地区获得补偿资金，支持和约束力度有限。若能上升到国家层面，由国家财政对其进行运作，支持和约束的力度将会更大。今后我们还可引入市场、社会力量，建立横向的环境空气质量生态补偿机制，引入包括法人、自然人在内的主体，这样生态效果将会更加显著。

从法学研究的角度看，生态补偿强调的是生态环境使用权的公平行使，要求为了维护生态环境使用权的公平性我们可以充分利用经济手段，扩大对各级、各类的生态环境保护者和生态环境破坏者予以激励和约束的范围和力度。以此为起点，我们可以对生态补偿法律机制进一步细分，将生态补偿分为保护性补偿和惩罚性补偿。环境空气质量生态补偿法律机制是生态补偿法律机制中的一种类型，生态补偿法律机制也可以在上述背景下分为环境空气质量生态保护补偿和环境空气质量生态损害补偿两种类型。目前，我们比较重视的是环境空气质

量生态保护补偿和环境损害赔偿，而对环境空气质量生态损害补偿的
运用不足。

生态保护补偿本质上是一种"增益型补偿"，是指对做出生态保
护贡献，或者因保护生态而牺牲发展机会的个人和组织，为了弥补其
保护支出或机会损失，由政府或特定的生态受益者按照一定的标准进
行的合理性补偿。通过考察国外对生态补偿概念的认识，其与"生态
服务付费"基本上是同义语。生态服务付费是对增进生态价值的生态
保护和服务者提供付费补偿的机制，与我国的"生态保护补偿"含义
大体一致，是对生态保护主体环境正外部性行为的补偿。

生态损害补偿本质上是一种"抑损型补偿"，其界定可以源自生
态损害。[1] 人类生态环境利益的公共性决定了民法在环境损害防治上
的局限，生态环境损害的防治只能由环境法来完成。环境损害被认为
是环境法学逻辑起点的必然选择。[2] 生态环境损害补偿是对现有环境
损害制度的延伸和有益补充，应该在生态补偿法律制度中得以体现。
生态损害补偿，在生态损害赔偿的基础上，为实现二者的协调，填补
了赔偿门槛过高、难以适用的缺点，相应地被定义为：环境与自然资
源的开发利用主体的合法开发利用行为，造成环境污染、生态破坏、
导致大气、地表水、地下水、土壤等环境要素和植物、动物、微生物
等生物要素的不利改变，以及上述要素构成的生态系统功能的退化等
生态损害，开发利用者应对损害行为进行补偿。补偿的方式主要是，
开发利用者对其造成的生态价值减损的后果直接进行生态修复，或支
付生态修复资金，交给政府或者企业代为实施生态修复、增殖放流等
活动。可见，生态损害补偿主要是开发利用主体对其合法行为导致的
环境负外部性进行的补偿。

---

[1] 2015 年 12 月中共中央办公厅、国务院办公厅印发的《生态环境损害赔偿制度改革试点方案》提出
的生态环境损害是指，因污染环境、破坏生态造成大气、地表水、地下水、土壤等环境要素和植物、动物、
微生物等生物要素的不利改变，以及上述要素构成的生态系统功能的退化。

[2] 徐祥民，刘卫先. 环境损害：环境法学的逻辑起点 [J]. 现代法学，2010，32（4）：41-49.

第六节　环境空气质量生态补偿法律机制存在的不足

从此出发，我们可以对生态补偿法律机制进行深入分析。

一、主体的有限性

目前各省（区、市）出台的空气质量生态补偿的暂行办法从法律性质上看，都是以政府规章的名义出现，要求下辖的地方政府作为补偿主体参与其中。例如，山东省是省内设区的市，湖北省是各市、州、直管市及神农架林区，河南省是省辖市和省直管县（市）；河北省虽然没有出台省级层面的空气质量生态补偿办法，但是石家庄、邯郸等市出台的办法中，市辖的区、县（县级市）政府是主体。这些规定涉及的主体虽然行政级别各有不同，如涉及厅局级的市、州和处级的市、县、区，但都是省级辖区内的地方政府。从生态补偿的界定，尤其是法学界定可以看出，所谓的"生态环境的破坏者"和"生态环境保护者"从理论上分析包括企事业单位、其他生产经营者、公民个人和地方政府。国内外在生态补偿实践中，存在大量关于企事业单位、其他生产经营者、公民个人和地方政府参与生态补偿的案例，这些案例的存在提示我们，目前我国的空气质量生态补偿只存在行政补偿且为纵向行政补偿，我们完全可以增加更多的主体。

目前出台的环境空气质量生态补偿的暂行办法在生态补偿的主体上共同特点之一就是，选择了这些行政区域内下辖的地方政府。新修订的《中华人民共和国环境保护法》涉及生态补偿的条款，其主体多为各级政府。目前法律法规明确了中央政府和各级地方政府是生态补偿的主体。按照《中华人民共和国立法法》，地方政府规章是基于执行法律、行政法规、地方性法规才出现的。目前的环境空气质量生态补偿法律机制均以地方政府规章的形式出现，其主体只涉及地方政府，这显然是在执行上位法的规定。

这种只以地方政府为主体的纵向的行政生态补偿迅速、有效调动了各级政府大气污染综合治理的主动性与积极性。相关行政领导可以采取措施直接督促、要求空气质量改善状况不佳的地区对相关单位、个人进行约谈，要求其整改甚至追究其责任，还可以对这些地区的工业发展项目的审批进行限制。纵向的生态补偿的上述优势虽然显著，但缺点也不可忽视。大气污染成因的研究成果普遍认为，工业排放、机动车排放、工地扬尘、农村焚烧秸秆、城市餐饮油烟、外来污染等是造成城市空气质量下降的重要原因。这些成因对不同地区的影响还存在一定差异，但是通过科学地总结分析，我们可以了解到，上述内容基本上已经涵盖了目前在我国受到普遍关注的大气污染的基本成因。由此，我们可以看到，大气污染的排放主体是非常多的，既有企事业单位（如各种工厂、建筑公司、汽车公司、餐饮企业等），也有自然人（如私家车主、焚烧秸秆的农民、烧烤摊贩、城市居民等），还有外来的污染。地方政府并不直接排放大气污染物，目前我国省级空气质量生态补偿的政府规章，对地方政府的定位与造成空气质量下降的大气污染物的直接排放者有一定差异。这些规定与《中华人民共和国大气污染防治法》中关于减少污染，保护大气环境的主体不完全相同。《中华人民共和国大气污染防治法》明确规定，企事业单位和其他生产经营者有责任采取各种措施以防止、减少大气污染；普通公民也有义务保护大气环境。因此，按照《中华人民共和国大气污染防治法》规定的主体，其既包括地方政府，也包括企事业单位、生产经营者和公民个人。如果空气质量生态补偿法律机制只涉及政府主体，那么就难以直接将其他污染大气环境的主体纳入环境空气质量生态补偿法律机制，这影响了生态补偿的效率。

二、对生态损害补偿不够重视

生态补偿可分为保护性补偿和损害性补偿。生态保护补偿本质上是一种"增益型补偿"，是指对做出生态保护贡献，或者因保护生态而牺牲发展机会的个人和组织，由政府或特定的生态受益者按照一定的标准进行合理补偿，弥补其保护支出或机会损失。国外对生态补偿概念的认识与"生态服务付费"基本上是同义语，是对增进生态价值的生态保护和服务者提供付费补偿的机制，与我国的"生态保护补偿"含义是一致的，是对生态保护主体环境正外部性行为的补偿。

生态损害补偿的方式主要是，开发利用者对其造成的生态价值减损的后果直接进行生态修复，或支付生态修复资金，交给政府或者企业代为实施生态修复、增殖放流等活动。可见，生态损害补偿主要是开发利用主体对其合法行为导致的环境负外部性进行的补偿。与生态损害补偿密切相关的是生态损害赔偿。我国现行的人身、财产损害赔偿法律制度体系经过不断修改已相对完善，个人、集体人身和财产因生态环境损害要求赔偿的权利已经得到较好的保障。

这些举措的主要目的是克服此前我国公共生态环境损害赔偿制度中，存在的索赔主体不明确、评估规范不健全等诸多问题。在一些环境生态污染事件中，如在"渤海湾溢油污染""松花江水污染""常州外国语学校土壤污染"等事件中，公共生态环境损害未得到足额赔偿，受损的生态环境更未得到及时修复。时任环境部副部长的黄润秋指出，"生态环境损害赔偿制度改革的目的就是要健全生态环境损害赔偿制度，使违法企业承担应有的赔偿责任，使受损的生态环境得到及时的修复，破解'企业污染、群众受害、政府埋单'的不合理局面"。[1]因此，关于生态损害赔偿方面的试点方案和改革试点的报告无疑是必要的。

但是，我们也应当看到，由人类行为与活动所引起的生态环境损害是非常复杂的。环境科学研究根据损害环境与生态系统人类行为的不同，将生态损害分为三种类型，分别是过错行为导致的生态损害、

---

[1] 黄润秋.改革生态环境损害赔偿制度 强化企业污染损害赔偿责任 [N].人民日报，2016-11-09.

非过错行为导致的生态损害和历史积累性污染造成的损害。[1] 这些环境生态损害类型是理论上的划分，而实践中的环境生态损害非常复杂，呈现出多种类型复合的状态。本书认为，在公共生态环境损害产生时，那些难以被纳入生态环境赔偿制度范围内的案件，可以实行生态损害补偿制度进行应对。

在《现代汉语词典》中，补偿是指"抵消（损失、消耗）；补足（缺欠、差额）"，赔偿是指"由于自己的行动而使他人蒙受损失从而给予补偿"。[2] 可见，在汉语的使用中，补偿与赔偿有不同的含义，赔偿明确了权利人和赔偿义务人，而补偿的含义更为宽泛。我国台湾地区学者叶俊荣曾就此指出，"具备环境侵权赔偿责任构成要件时称为'赔偿'；而补偿系指于侵权行为损害赔偿构成要件（即故意、过失、不法）虽有不足之场合，但仍基于特定原因，由'加害人'对被害人所遭受损害加以填补"。可见，生态损害赔偿与生态损害补偿是不同的机制，其适用的范围和层次不尽相同，完全不能用生态损害赔偿取代生态损害补偿。生态补偿是一种法律机制，为了维护环境使用权的公平性，可以用经济调节手段对生态环境保护者予以激励，对生态环境破坏者予以约束，以保护生态环境和实现可持续发展。但不能只提倡生态保护补偿，不重视生态损害补偿。

---

[1] 饶欢欢，彭本荣，刘岩，等．生态损害补偿与赔偿的科学及法律基础探析 [J]．生态环境学报，2014，23（7）：1245-1250.

[2] 中国社会科学院语言研究所词典编辑室．现代汉语词典 [Z].7 版．北京：商务印书馆，2016：103，984.

第二章　环境空气质量生态补偿法律机制的理念

环境空气质量生态补偿法律机制是制度创新的成果，其发展迅速，被越来越多的省市采用，已经形成了自身鲜明的特色。作为新的法律机制，其创设既是对现实需求做出的必要反应，也是在多种思想理论支撑和引领下形成的产物。这些基础理念主要包括环境义务、生态文明思想、公众共用物理论、外部性理论等。

第一节　环境义务

人类社会中义务首先是以道德义务、宗教义务的形式出现的。在古希腊、古罗马时代，法律义务不仅仅在苏格拉底、柏拉图、亚里士多德、西塞罗等思想家的理论著述中被广泛而深入地讨论，也在社会实践中被重视。西塞罗在其最后的著作《论义务》一书中，把义务这个道德哲学领域的问题与罗马法结合起来讨论，论述了在商业、民事、国际法各个领域中的义务问题。西塞罗从日常生活中的义务出发，分别讨论了"执政官义务""元老院义务""裁判官义务"等。法律义务的明确提出以及被学理性分析则始于近代。分析法学鼻祖霍布斯率先提出义务是限定自由之法律约束、义务应与法律权利相对应等观点。20世纪50年代后，语义分析法学派的代表人物哈特、米尔恩等学者越来越强调义务概念中的"应当"而非"制裁"要素，对义务进行了全面深入的分析。国外对义务的认识已经初步形成一些基本共识，即义务是对义务人的强制；义务与权利相互关联；义务是要求，是被请求的对象和内容等。[1]法律义务在中国的出现是 19 世纪西学东渐之后的事情。义务及其性质在理论上有诸多学说，如"规范说""责任说""约束说""手段说""利益说""意思说""法力说"等。从汉语的词语使用上分析，[2] 义务一词包含了"按照法律规定应尽的责任"的内容 [3]。尽管权利义务的概念在字面上没有多大变化，但其思想内容却在不断丰富，并总是与一定时代的法律实践和法律精神相联系。[4]

对于环境义务，我国著名环境学者蔡守秋先生认为，国家环境义务也称为国家保护环境的义务、国家环境职责，一定语境下也可以被称为政府环境义务或政府环境职责。因环境质量的优劣直接关系到生态系统的平衡和人体健康。环境质量义务的确定是多方面原因综合作用的结果。根据行政管理上的属地管辖原则，地方各级政府需要对当地的环境质量负责。环境空气质量又与当地的产业基础、能源结构、人口构成等诸多经济社会因素密切相关，还受制于地方的生物、水、土壤、气候等自然要素在一定时期内的综合作用。作为典型的公共产品，市场的配置作用又往往难以发挥。鉴于上述影响环境质量的因素的复杂性，能够承担统筹协调各种资源、综合治理的除了政府，没有其他主体适合承担改善当地环境空气整体质量的首要义务。我国现阶段环境保护仍为"行政主导"，环境保护目标的实现在很大程度上取决于行政机关——政府的环境保护义务履行状况。

20 世纪末 21 世纪初，我国某些地区在经济快速发展的同时，生态环境却出现了严重的恶化。许多地方政府在环境问题上出现了"政府失灵"现象。[5] 政府失灵现象是在当时以经济目标为主导的压力型体制下出现的，也与环境管理制度自身存在的一些缺陷有关，设定环

[1] 陈真亮 . 环境保护的国家义务研究 [M]. 北京：法律出版社，2015：98.

[2] 张恒山 . 义务先定论 [M]. 济南：山东人民出版社，1999：66-67.

[3] 中国社会科学院语言研究所词典编辑室 . 现代汉语词典 [Z].7 版 . 北京：商务印书馆，2016：1551.

[4] 张文显 . 法理学 [M]. 北京：高等教育出版社，2018：126-128.

[5] 许庆明 . 试析环境问题上的政府失灵 [J]. 管理世界，2001（5）：195-197.

境义务可以有效维护环境利益。[1] 在我国的环境保护立法中，环境义务被广泛重视，其中包括政府环境义务。作为我国环境保护基本法，《中华人民共和国环境保护法》明确规定一切单位和个人都有保护环境的义务。这些义务主体中，首先受到关注和强调的是地方各级人民政府应当对本行政区域的环境质量承担义务。《中华人民共和国环境保护法》第六条第二款在进行上述规定时并未直接使用义务一词，而是强调政府对环境质量负责。一些研究机构和学者也因此将该规定视作对政府环境责任的规定。全国人民代表大会常务委员会法制工作委员会编制的《中华人民共和国环境保护法释义》明确指出，《中华人民共和国环境保护法》第六条是关于环境保护义务的规定。该法分为四款，分别规定了环境领域各主体的基本义务。[2] 尽管第六条第二款从字面上规定政府对本行政区域的环境质量负责，似乎未涉及政府环境义务，但从广义上看，实质上其与该法第六条规定环境领域各主体的基本义务并不矛盾。第二款要求政府对环境质量负责，是延续了第一款规定的各主体的基本环境义务，是对地方各级政府作为法律主体所应当承担的法律义务的强调。这种义务要求地方政府根据属地管辖的原则，对当地的生态环境质量优劣承担起相应的行动义务，具体的结果义务则留待国家的生态环境政策进行规定。针对当地生态环境的状况和趋势，通过创设制度、加大财政投入、采取宣传教育措施、强化监督管理、定期考核评价等举措，确保地方的生态环境质量达到国家法律政策规定的目标从而从整体上履行政府的环境义务。

随后修订《中华人民共和国大气污染防治法》也采取了环境保护基本法的处理方式，要求地方各级人民政府应当对本行政区域的大气环境质量承担义务并负责。该法进一步指出履行义务应达到的目标是使大气环境质量达到规定国家环境空气质量标准并逐步改善。《中华人民共和国环境保护法》与《中华人民共和国大气污染防治法》强调

[1]　徐祥民. 论维护环境利益的法律机制 [J]. 法制与社会发展，2020，26（2）：72-85.
[2]　信春鹰. 中华人民共和国环境保护法释义 [M]. 北京：法律出版社，2014：21.

了政府的环境空气质量义务，从理论上分析，该义务的产生存在两种途径。

一、通过公民清洁空气权确定政府的义务

在义务与权利的关系上，马克思曾经深刻地指出，"没有无义务的权利，也没有无权利的义务"。基本权利——国家义务分析框架是法学界普遍采取的、用以分析权利义务相一致的原理。在公民环境权利与政府环境保护义务的关系上，我国环境法学界的主流观点认为，综合性的环境法律应以规范政府环境行为为主，从确认公众（主要是自然人）的环境权出发，规定国家的环境保护义务。[1] 宪法学研究也认为，国家义务直接源自公民权利并决定了国家权力。国家义务以公民权利为目的，是公民权利的根本保障。[2] 国家义务是公民环境权益的根本保障。简而言之，权利的存在创设了国家义务，基本权利国家义务的存在正是权利需要被满足的基本逻辑。[3] 从"自由权——国家的消极义务""社会权——国家的积极义务"这样的对应关系，还可以进一步推导出国家对确保环境质量、维护公民的环境权益负有积极的义务。

（一）公民清洁空气权的优势

公民清洁空气权属于公民环境权的部分，其历史可以追溯到1972年联合国人类环境会议通过的《人类环境宣言》。针对不断恶化的地球环境，世界各国代表齐聚瑞典首都斯德哥尔摩通过了《人类环境宣言》，《人类环境宣言》第一条就明确指出，"人类有权在一种能够过尊严和福利的生活环境中，享有自由、平等和充足的生活条件的基

---

[1] 蔡守秋.从环境权到国家环境保护义务和环境公益诉讼 [J]. 现代法学，2013, 35（6）：3-21.

[2] 龚向和.国家义务是公民权利的根本保障：国家与公民关系新视角 [J].法律科学（西北政法大学学报），2010, 28（4）：3-7.

[3] 杜承铭.论基本权利之国家义务：理论基础、结构形式与中国实践 [J].法学评论，2011, 29（2）：30-38.

本权利"。虽然《人类环境宣言》并非是具有硬性拘束力的国际条约，属于"软法"范畴，但由于它反映了国际社会的共同信念，因此对国际环境法的发展产生了深远影响。其中某些原则和规则后来成了国际环境条约中具有约束力的原则和规则。[1]同样,宣言的理念、原则、制度、规则等在世界各国的国内立法上也得到大量体现。

随着环境保护意识广泛传播和环境保护行动的深入开展，很多国家已将环境权作为公民享有的一种基本权利写入宪法。根据美国戴维·R.博伊德教授对全球范围内的环境权立法的统计，在其所考察的192个国家中，已经有140个国家将环境保护的内容纳入宪法，有86个国家的宪法明确规定了环境权；在美洲、欧洲、非洲和中东等115个国家参与的四项具有约束力的国际协定中，环境权已经被承认。我国环境法学者吴卫星教授的研究，详细梳理了环境权入宪的国家和入宪时机。研究发现，这些国家在地理位置上横跨五大洲，既有发达国家，也有发展中国家；既有资本主义国家，也有社会主义国家；既有大陆法系国家，也有英美法系、伊斯兰法系、混合法系国家。[2]

公民环境权是一项新兴的人权，其内涵和外延还处在变动中。在公民环境权的内容方面，现有的各国环境法中规定了大量关于日照、眺望、景观、亲水、达滨、公园利用、享有自然等方面的权利，包括清洁水权、清洁空气权也被认为是关于环境权的规定。过去的几十年里，呼吸清洁空气是否是一种个人权利一直面临各种争议，各国政府一直将空气污染视为环境问题。最近，清洁空气权开始被视为一个健康问题。这两种主张实质上都是将清洁空气作为政府的政策目标。盖因政策目标说赋予了政府在保障环境空气质量方面的较大灵活性、自由裁量权，个人也难以对这些政府目标的削弱采取行动。由于清洁空气等一部分公共物品具有个体独立享用性，清洁空气等一部分公共物品可能成为个体权利的客体。因此，一部分环境公益利益在理论上可

---

[1] 汪劲.环境法学[M].4版.北京：北京大学出版社，2018：330.

[2] 吴卫星.环境权入宪的比较研究[J].法商研究，2017，34（4）：173-181.

能成为个体权利的对象。[1]西方法学界许多学者都反对将环境公共利益与个人权利对立起来。沃尔伦德和马莫认为，个体可能对公共物品享有权利。马莫进一步指出，人们在清洁空气上的重要利益为清洁空气权提供了基础。即使履行这项义务需要采取集体行动，情形也同样如此。

将呼吸清洁空气视为一项基本人权，而非视为一项政策目标。公民清洁空气权涉及生命权、健康权以及安全、清洁、健康和可持续环境的权利。将清洁空气视为人权的观点可以极大改善目前人类社会面临的空气污染问题，通过清洁空气权的确认，政府就具有了明确的、法律上可执行的义务来尊重、保护和实现这种权利。基于上述理念，联合国人权理事会于2012年通过了第19/10号决议，设立了人权与环境问题独立专家的任务。2018年，人权理事会任命戴维·博伊德先生为特别报告员。在2019年提交给人权理事会的一份报告中，特别报告员提出了各国需要采取的7个关键步骤，以履行其保护人权免受空气污染的法律义务。其中包括 建立空气质量监测网络； 量化空气污染的主要来源； 参与和告知公众； 制定强有力的法律、法规和空气质量标准； 制定国家行动计划以达到标准； 分配足够的资源来实施该计划；并评估进展以确定是否有必要采取更强有力的行动等。

我国理论界也在积极研究公民清洁空气权。环境法学者吕忠梅在2015年《中华人民共和国大气污染防治法》修订时提出，可以将其修改为《清洁空气法》并明确公民个人的清洁空气权，并以此为基础建立保护清洁空气权的相关制度。环境法学者徐以祥和李兴宇则主张对清洁空气权等新型环境权利以"自然人依法享有在清洁的空气环境中工作和生活的权利"的规定在民法典人格权编中以法律条款形式予以确认。[2]法理学学者于柏华指出，清洁空气的生成与享用是不同的过程。

---

[1] 王小钢.个体清洁空气权何以可能：兼论环境权利的宪法表达 [J].吉首大学学报（社会科学版），2020，41（6）：48-55.

[2] 徐以祥，李兴宇.环境利益在民法分则中的规范展开与限度 [J].中国地质大学学报（社会科学版），2018，18（6）:81-90.

确有以公共利益为对象的权利主张（如环境权），并在相当程度上得到人们的认可。[1] 虽然我国宪法和法律中目前并未直接涉及环境权、清洁空气权的规定，但是我国政府重视公民的环境权利保护，所制定的国家人权保护行动计划一直包括环境权的内容，特别是《国家人权行动计划（2021—2025）》已经首次将"环境权利"单独成编。

（二）面临的争议

围绕清洁空气权产生的重要问题可能是其独立自主性。无论是国家宪法还是国际立法，通常只对环境权利进行规定，例如，《阿根廷宪法》第41条规定居民"享有健康、平衡环境的权利"，《蒙古宪法》第16条提到"健康、安全环境的权利"，《黑山宪法》第23条规定："人人有权享有良好的环境"，《尼泊尔宪法》第30条规定，"每个公民都有权生活在清洁健康的环境中"。清洁空气权实际上并不作为独立条款存在。事实上，只有少数法律，如美国宾夕法尼亚州宪法和马萨诸塞州宪法明确规定了清洁空气权。[2] 清洁空气权通常被视为享有健康、清洁或生态平衡的人类环境的更广泛权利的一个组成部分，与获得安全和卫生设施、健康和可持续食品、安全气候以及健康的生物多样性和生态系统等权利共同构成环境权。

呼吸清洁空气的权利在司法适用上也与其他人权相互依赖。这一点在司法判决中尤为明显。各国法院倾向于将呼吸清洁空气的权利纳入生命权或健康权的范畴。在印度"Subhash Kumar 诉比哈尔邦"一案中，印度最高法院裁定，生命权是印度宪法第21条规定的一项基本权利，包括"为了充分享受生活而享有无污染的水和空气的权利"。尼泊尔和巴基斯坦最高法院也是类似的立场，裁定清洁空气权利是宪法赋予生命权的一部分。欧洲人权法院在缺乏明确的清洁空气权的规

---

[1] 于柏华. 权利认定的利益判准 [J]. 法学家，2017（6）：1-13，175.
[2] 如美国宾夕法尼亚州宪法第 1 条第 27 节规定："人民有权获得清洁的空气、纯净的水，以及保护环境的自然、风景、历史和美学价值。"

范情况下，经常倡导清洁空气的权利与《欧洲人权公约》所规定的其他权利的相互关联，特别是与生命权 (第 2 条)，私人和家庭生活的权利 (第 8 条)，获得有效补救的权利 (第 13 条) 和和平享受财产的权利 (第 1 号议定书第 1 条) 等。

其次，每一项权利都要有明确的含义。"健全""健康""清洁"和"生态平衡"等词通常用来修饰环境权，并经常互换使用。虽然这些词汇强调了环境的整体性和良好性，在表述逻辑上应当包含清洁空气权，但不能明确地将其从目前具有广泛含义的环境权中分离出来，从而确认清洁空气权为一项基本人权。我们有理由认为，如果将这一权利单独表述，它将获得更明确的含义，并避免潜在的误解。由于大多数国家的宪法都将"健康环境"作为集体权，因此它们不太可能重新定义其内涵，并在最高法律中为群体权的每个组成部分提供单独条款。同样，在国际立法层面，这一权利尚未被承认，联合国人权理事会的特别报告员在其 2019 年的报告中才首次明显地将清洁空气权与健康环境权分开。

空气是构成地球大气的气体混合物的定义并没有引起人们的关注，但是清洁一词的含义则难以确定。"清洁"的空气意味着什么，以及由谁来确定仍存在争议。即足够的质量清洁应该留给国内立法者，还是应该由国际立法者确定？更重要的是，它应该仅仅以科学数据为基础，还是应该考虑社会、经济、文化、人群等因素？

要为"良好的空气质素"提供一个更复杂或更具技术性的定义是非常困难的。鉴于各国和国际组织在空气污染限制方面援引的标准不同，那么是否有可能最终说明清洁空气意味着什么，更重要的是清洁空气权是否普遍适用。例如，欧盟新的空气质量指令规定，PM2.5 和 PM10 的年度浓度分别为 $25\,\mu g/m^3$ 和 $40\,\mu g/m^3$。而世界卫生组织准则规定，PM2.5 的年限值为 $10\,\mu g/m^3$，PM10 为 $20\,\mu g/m^3$。世界卫生组织的指导方针经常被当作标准，但发展中国家的城市可能会被批评为有些武断甚至不切实际，特别是一些处于向工业化国家转型阶段的发展中国家。南亚是世界上污染严重的地区，全球污染严重的前 40 个城市中，有 37 个城市在南亚。到 2020 年中国 86％的城市的空气质量较上一年有所改善。在 106 个受监测国家中，仅 24 个国家达到《全球空气质量指南》的标准。[1] 近年来在印度德里、孟买和孟加拉国达卡等城市，当细颗粒物达到 700μg/m3 甚至以上时，10μg/m3 的标准似乎是个遥不可及的梦。

虽然世界卫生组织提出的标准作为一个长期目标是有用的，但各国需要的是具有约束力的法律义务，根据可衡量和明确理解的基准逐年减少对环境的污染。类似的差异也涉及其他空气污染物的允许浓度，如臭氧、二氧化硫、一氧化氮、汞和其他污染物，以及超量排放的时间。尤其令人担忧的是，有 80 个国家根本没有空气质量标准和指导方针。这些国家的状况可能导致"清洁空气"一词完全无法界定。

在清洁空气权的行使主体上，也存在因为对某些团体进行特别照顾，不得不重新考量。联合国特别报告员在其最近的报告中强调，妇女、儿童、老人和土著人民尤其受到差的空气质量的影响，这基本上意味着对不同的人来说，不同水平的空气质量才被认为是合适的。清洁空气权既是群体权利的一部分，又与其他人权密切相关，这是对"个体性"或"纯洁性"的最大挑战之一。正如柯林斯所说，"纯粹"意义上的权利应该能够创造出包含在其他现有权利之外的权利。[2] 这可以说是对清洁空气权的规范性的挑战。然而目前来看，清洁空气权仍是公众争取的环境权益或理想中的应然权利，尚未成为法定权利，更遑论成为实然权利，在具有实质性法律清晰度和确定性的权利确立上还有很长的路要走。

---

[1]　金朝力 .IQAir 发布《2020 年全球空气质量报告》[N]. 北京商报，2021-03-16.

[2]　Lynda Collins.Are we there yet? The right to environment in international and European law[J]. McGill International Journal of Sustainable Development Law and Policy，2007，3（2）：119-153

二、通过国家目标条款确定政府的义务

由于生态环境保护涉及每一个公民的生存、发展等根本利益，即使不能将其确立为个人基本权利，其也具有作为一项整体利益而被保护的必要。在现代宪法中，不仅包括基本权利和国家机构的规定，也包含了大量基本国策的规定，为国家积极干预社会生活划定运行路线。现代宪法产生的标志是 1919 年德国的《魏玛宪法》。[1] 其在内容上从近代宪法的"两结构模式"演变为"三结构模式"。现代宪法区别于传统宪法的重要特征就是除了规定基本权利的内容和国家机构的设置外，还加入了社会、经济、环境等方面政策目标条款的内容。从实质的角度看，世界上多数国家的成文宪法都纳入了环境保护基本国策的规定。可以说环境保护的基本国策是国家宣示其环境保护意志的最普遍形式。[2] 这些目标条款作为基本国策，明确了国家在生态环境保护方面的任务、方向与追求目标，可以给予未来整个环境法体系以及发展重要的推动力。

《中华人民共和国宪法》（1982）存在关于环境保护的基本国策的规定。通常认为，其第二十六条第一款和第九条第二款关于保护环境合理利用资源的规定是关于环境保护基本国策的规定。[3] 环境基本国策是国家环境保护义务的宪法规范形态，从而对所有国家权力构成约束的国家目标。作为宪法条款，这些"国家目标条款"具有最高的法律地位和规范效力。从宪法文本与现实需要出发，根据国家任务的时代变迁及宪法的结构性变化，通过对环境基本国策规范含义的分析，我们可以明确国家内部的立法、行政、司法、监察等机关的环境保护义务。

---

[1]　李步云. 宪法比较研究 [M]. 北京：法律出版社，1998：72-73.

[2]　陈海嵩. 国家环境保护义务论 [M]. 北京：北京大学出版社，2015：80.

[3]　《中华人民共和国宪法》（1982）第二十六条第一款规定"国家保护和改善生活环境和生态环境，防治污染和其他公害"；第九条第二款规定"国家保障自然资源的合理利用，保护珍贵的动物和植物。禁止任何组织或者个人用任何手段侵占或者破坏自然资源"。上述两个条款被认为表述了我国环境保护的基本国策。

　　环境保护义务可以分别通过进行演绎推理和归纳推理证立。运用演绎方法，可以根据保障基本权利的国家义务体系力图将公民基本权利及其对应的国家机关的义务类型化和条理化，其表现在生态环境保护领域所面临的困难与挑战，此前已经进行了分析论述，此处不再赘述。归纳的方法则可以从国家任务的现实需要出发，将生态环境保护的实践需求结合国家机关任务的时代变迁进行阐述和概括。从政府的环境保护义务的角度看，通过国家目标条款确定政府的义务，可以回避公民环境权利问题上的纷争，更可有针对性地为实践中复杂多变的生态环境保护问题提供富有说服力的解释。

　　国家的环境保护义务从内部实施主体上看，可以分为立法、行政、司法、监察等主体的环境保护义务；从功能上看，可以分为增益性的积极环境保护义务和防御性的消极环境保护义务；从是否涉及实体利益上可以分为实体性义务和程序性义务；还有学者认为以行为状态为基础可以分为尊重义务、保护义务、给付义务。[1] 近来有学者从环境保护自身需要的视角出发，对国家权力的行使进行区分：第一，排除现已存在和出现的对环境的损害；第二，排除或者减轻现在对环境可能或潜在的危险性；第三，经由预防措施的采取来防止对未来环境的危害性。[2]

　　由于政府作为国家行政机关掌握了国家权力和必要的管制手段，可将生态环境保护作为公共利益予以具体化。行政机关相对于立法机关和司法机关，在日常性、数量以及专业经验上具有不可比拟的优势。[3] 行政机关的灵活性、专业性优势是国家应对复杂形势的重要依据，不可能被事先立法和事后司法所取代。[4] 在机构设置层面，为完成环境保护领域的各项义务，国家通过立法在政府设立专门的生态环境主管

[1]　龚向和，刘耀辉.基本权利的国家义务体系[J].云南师范大学学报(哲学社会科学版)，2010，42(1)：76-83.

[2]　陈慈阳.环境法总论[M].北京：中国政法大学出版社，2003：92.

[3]　杰里·马肖.贪婪、混沌和治理：利用公共选择改良公法[M].宋功德，译.北京：商务印书馆，2009：168.

[4]　陈海嵩.国家环境保护义务论[M].北京：北京大学出版社，2015：76.

部门，各地方人民政府也相应地根据法律、行政法规的要求设立了各地方不同级别的生态环境主管部门。政府在实现国家环境保护义务中发挥着不可替代的重要作用。通过对上述观点的梳理、整合，本书认为，政府环境保护义务在内涵上可以包括现状保持义务、危险防御义务、风险预防义务。现阶段我国环境保护领域的政府职责，特别是政府的环境空气质量保护义务，应围绕新修订的《中华人民共和国环境保护法》和《中华人民共和国大气污染防治法》的规定，从现状保持、危险防御、风险预防三个方面展开，共同推进环境质量的改善，实现我国宪法规定的国家环境目标。

（一）现状保持义务

现状保持义务也被称为"禁止倒退"义务，或被称为不倒退规则、禁止倒退原则。禁止生态倒退原则又称 "生态环境质量不得恶化"原则，意指为了维护生态平衡和健康，要求人类无论是向环境排放污染物还是从环境中获取用于生活和生产的物质资料，都应当以"生态底线"或生态承载力为界限，防止出现生态倒退或退化。[1] 不倒退原则涉及禁止导致环境退化（如空气质量、水质、生物多样性等）的国家机关的行为，也涉及旨在保护环境的法律、条约。倒退可以以多种形式出现，从降低污染物排放标准到取消程序性环境保障措施，再到退出国际环境条约。因此，不倒退既有降低具体实施标准方面的表现，也有降低、删除法律规定以及退出条约等。禁止倒退、保持现状以一种稳健的形式保护了环境监管环境标准和生态环境质量。

该义务是对已存在的环境损害的排除，防止生态环境的进一步退化。目前世界上有许多国家通过国家宪法、法律和司法判决从实体和程序上体现不倒退义务。《厄瓜多尔宪法》（2009）第 423 条规定明确地包含了不倒退原则："厄瓜多尔国家应保证……根据逐渐进步和

---

[1]　陈真亮.论"禁止生态倒退"的国家义务及其实现:基于水质目标的法律分析[J].中国地质大学学报(社会科学版)，2015，15（3）：55-65.

不倒退的原则,加强国家立法与下列权利和制度——劳工、移民、环境、社会、教育、文化和公共卫生的协调。"巴拉圭2014年的《空气质量法》第4条将不倒退与污染者付费、预防和预警环境法认可的原则等一起列入该法的原则。美国的清洁水法的"反退化政策"是水质标准体系的重要组成部分,目的在于防止现有水质继续恶化。美国国家环境保护局要求各州必须按照美国水质标准规章所规定的规划及实施框架,采取有效的政策措施保持地表水质量。[1]

国外司法实践中也有大量的案例涉及不倒退原则和政策。美国蒙大拿州的宪法规定,"为今世后代,每个人都应维护和改善蒙大拿州的清洁和健康的环境"。1992年,一家矿业公司因金矿开采业务向蒙大拿州环境质量部申请并获得了勘探许可证。1995年,该矿业公司提交了一份新的工作计划,在靠近蒙大拿州兰德斯福克和布莱克福特河交汇处的河谷进行大规模露天金矿开采作业。蒙大拿州环境信息中心等环保组织认为,州政府机构未能履行环境保护义务,允许地下水、地表水与布莱克福特河和兰德斯福克河的含水层被砷(一种已知的致癌物质)和锌污染。这种水污染以及未能证明水质比之前更差是违反蒙大拿州法律的。这些团体争辩说,政府机构依据1995年蒙大拿州水质量法允许对此处有争议的排放污水活动豁免不倒退审查,该做法违反了蒙大拿州的宪法。原告认为,如果州法律允许放弃非降解审查,法院应宣布其违反州宪法无效,并且他们寻求暂停矿业公司开矿的行政许可。蒙大拿州地区法院驳回了该案件,认为这些环境保护组织没有证明上述地区的水质有显著变化、超过了水质标准从而造成了实际伤害。州政府部门免除不倒退审查没有侵犯宪法保护的权利。随后这些环境保护组织向蒙大拿州最高法院提出上诉。蒙大拿州最高法院认为,该法随意地将某些"活动"排除在不倒退审查之外,而不考虑排放物质的性质或数量,违反了州宪法关于环境权利保障的规定。类似

[1] 席北斗,霍守亮,陈奇,等.美国水质标准体系及其对我国水环境保护的启示[J].环境科学与技术,2011,34(5):100-103,120.

的案例也发生在 2012 年美国宾夕法尼亚州对《宾夕法尼亚石油和天然气法》进行修订，将石油和天然气开采活动从旨在保护供水的州法律中豁免，引发了当地民众质疑部分修订的法律豁免了禁止环境倒退审查，侵犯了他们享有健康环境的宪法权利，并提起诉讼。

禁止环境质量倒退在国际环境法中也有大量的规定和体现。"不倒退"的正式用语最早出现于 2011 年欧盟为 2012 年联合国可持续发展大会首脑会议提出的倡议中。[1] 会议的最终成果《我们希望的未来》在第 20 段直接提到，"不要后退"(not back track) 的规定。虽然"不倒退"概念在国际环境法的论述中是相对较新的，但它至少与代际平等、可持续发展和预防原则三项牢固确立的原则密切相关。考虑到全球社会会面临非常重大的环境挑战，为了保障子孙后代的利益，生态环境不能恶化似乎是不言而喻、不证自明的。这也是当代人与后世人类之间公平和可持续发展的不容辩驳的事实。当代人类社会必须确保不把显著恶化的生态环境交给子孙，以确保能够满足他们的需要。倒退与国际环境法的理念、原则是对立的。因此，不倒退的原则隐含在代际公平、可持续发展原则、预防原则等原则中。

在学者的理论研究和环境保护组织的倡议中，保护生态环境至少使其维持现状不倒退的观点和主张大量存在。美国国际法学会前副主席爱迪丝·布朗·维伊斯教授提出了"行星托管理论"，其重点是当代人对人类的信托义务，正是在这种受委托性质的义务上，我们在法律和政治机制上承担义务才最容易。这种行星信托要求每一代人都有义务保护环境资源的多样性，并将地球以不比当下更糟糕的情况传给后代。具体包括三项原则：第一，保存质量原则。每一代人既应保存生态环境的质量，使它被传递给下一代人时情况不会恶化，又享有与

---

[1] 联合国可持续发展大会首脑会议又称里约峰会。此次大会距 1992 年在巴西里约热内卢举行的联合国环境与发展大会（简称"里约环发大会""地球首脑会议"）正好 20 周年。因此，2012 年的峰会又被称为"里约 +20"峰会。这是 1992 年联合国环境与发展大会以及 2002 年南非约翰内斯堡可持续发展世界首脑会议后，国际社会在可持续发展领域举行的又一次规模大、级别高的国际会议，为国际社会共谋可持续发展战略提供了重要契机，其成果对全球可持续发展进程产生重大而深远影响，受到国际社会的广泛重视和普遍关注。

前代人等同的生态环境质量。第二，保存选择原则。每一代人既应为后代人保存自然和文化的资源多样性，以避免不适当地限制后代人在解决他们的问题和满足他们的价值时得进行各种选择，又享有拥有可与他们上一代人相比的多样性的权利。第三，保存取得和利用原则。每一代人应对其成员提供平等地取得和利用上一代人的遗产的权利，并为后代人保存这项取得权和利用权。

《世界环境公约（草案）》是由法国法律智库"法学家俱乐部"发起的一次意欲推动全球环境治理一体化而整合国际环境立法的可贵尝试。《世界环境公约（草案）》也对环境质量不倒退进行了规定，在第 17 条要求的作为缔约方的国家和国际组织，以及作为国家的地方实体要避免降低现行法律所保障的生态环境保护水准。在法国的推动下，2018 年 5 月联合国大会通过了由法国政府提出的评估制定《世界环境公约（草案）》可行性的决议，从而对该公约启动了联合国工作程序。

不倒退原则在气候变化国际法中产生了直接影响，《巴黎协定》第 14 条设置的全球总结制度被形象地称为只进不退的"棘轮机制"。该条第 1 款要求缔约方会议应定期总结《巴黎协定》的执行情况，以评估实现协定宗旨和长期目标的集体进展情况。在评估的基础上，第三款进一步强调应当加强合作。在 2021 年《巴黎协定》正式生效后的第一次缔约方大会之前，联合国机构的报告指出，总共有 178 个国家计划提交强化的国家自主贡献承诺，其中 160 个国家强化了它们的目标。《巴黎协定》棘轮机制正在发挥作用，大多数国家都在遵循每五年修订和提交更加雄心勃勃的国家自主贡献承诺的关键要求。《巴黎协定》通过多种复合机制确保各缔约方做出的气候应对承诺只能前进不能倒退。

在我国，禁止倒退原则没有直接被写入环境保护法律，但被认为是内生于环境保护法律的一个隐性规则。《中华人民共和国环境保护法》（2014）第二十九条规定了生态保护红线制度，要求政府履行在生态环境特定区域实行严格保护的环境义务。虽然该条并未直接规定禁止生态环境质量倒退，但是生态保护红线的规定实质上明确了生态环境保护的底线，起到了防止倒退的作用。生态保护红线可以形象地划分为生态功能保障基准线、环境质量安全底线、自然资源利用上限，具体表现为各级政府或有关部门制定发布的主体功能区划、生态功能区划、土地利用总体规划、城乡规划等相关规划和区划。这些限制的出现确保了生态环境不能倒退的实际效果。生态保护红线划定通常是国务院批准后由省级人民政府对外发布，既是政府履行生态环境保护职责的重要抓手，也可以防止政府机关在环境义务和责任履行中的"越位"与"缺位"，甚至"失位"。生态环境红线制度在污染物总量控制、污染物浓度控制、能源利用、土地资源利用等领域具有共同特征，主要表现在通过国家的发展规划获得划定红线的数值要求和目标，通常只对政府产生法律效力。一般而言，我国的计划、规划有别于一般法的结构，没有传统上所说的法律约束力，但对我国的国民经济发展和公共行政起到重要的规范、调节和指导作用。规划属于"软法"而不是"硬法"。[1]虽然所谓的软法没有"硬法"一般的法律强制力度，但是通过目标的层层分解和考核，其在实践中产生了显著的实际效果，可以成为约束政府行为、推动政府履行环境义务的有效模式。

《大气污染防治行动计划》和许多地方政府规章制度划定了大气环境质量不能变坏的刚性底线。该底线被形象地表述为"只能变好，不能变坏"，体现了禁止倒退原则的精神。许多省市的环境空气质量生态补偿地方立法也将生态环境质量逐年改善视作约束性要求，对各地的区域发展附加了直接的限制性义务。

（二）危险防御义务

所谓"危险"是指遭到损害或失败的可能性。[2]从法学上看，"危

---

[1] 罗豪才. 软法的理论与实践 [M]. 北京：北京大学出版社，2010：2.
[2] 中国社会科学院语言研究所词典编辑室. 现代汉语词典 [Z].7 版 . 北京：商务印书馆，2016：1357.

险"可以指一种情况，在该情况中发生的事情如果未受阻止极有可能形成法益的损害，即对公共安全和秩序造成损害。面对各种具有明显、直接、具体环境危害需要加以抵抗和排除，我们通常需要运用宪法和法律框架下赋予的各项权力采取干预性措施，加以排除或降低危害，以消除各种危险。

从环境保护的历史来看，世界各国通过在大气、水流、森林、土地、野生动植物、河流、湿地、固体废弃物等领域制定了多部单项法律，并逐渐在宪法中规定环境保护的基本国策。虽然各国环境保护的概念在 20 世纪六七十年代才正式出现，但是关于保护野生动植物、防止有毒有害气体和液体排放、控制噪声和固体废弃物的规定早已出现。就环境危险防御义务而言，其意味着针对有非常高的可能造成环境法益损害的各种"危险"因素，国家公权力应及时采取措施加以干预和排除。[1] 国家内部的各权力机关均有对环境危险的防御义务，本书主要关注政府的环境危险防御义务。

政府的环境危险防御义务是顺应环境基本国策在整体上对国家行政机关提出的直接要求，其核心是排除环境危险。政府的环境危险防御义务并非简单地根据立法机关颁布法律针对各种排放主体的环境污染进行管制，而是既具有外部效力，也有内部效力。除了对国家行政机关的要求，我国也已经对立法机关和司法机关确立了类似的义务要求，表现为通过环境立法体系制定、环境司法体系的救济等完善，针对各种污染物排放行为造成的环境危害进行全面治理。政府通过法律政策执行对环境造成负面影响的行政相对人之相关行为进行管制，理论和实务部门非常重视，形成了大量的研究成果。相形之下，其对造成不利环境影响的政府行为进行约束的内部效力方面关注不够，本书主要关注政府环境危险防御义务的内部效力。

在国家的生态环境保护法律中，企事业单位和其他生产经营者排

---

[1]　陈海嵩. 国家环境危险防御义务的二元制度结构 [J]. 北方法学，2015，9（3）：53-63.

放污染物的违法行为受到的管制日趋严格，这些主体的生态环境义务和法律责任也引起了广泛关注。约束相对人行为——中央政府与各级地方政府的环境义务也涉及环境危险，值得我们关注。

近代国家产生以来，行政机关肩负着广泛的公共实务管理职能。保护境内人民生命、财产安全一直是政府的基本职责。在没有认识到环境问题的严重性之前，政府与环境相关的行政事务主要集中在公共行政管理和自然资源开发管理上，通过制定自然资源的开发利用规划并对开发利用人的行为进行规制。20 世纪 60 年代以来，开发利用环境资源决策不当导致生态环境破坏不断加剧，应对环境问题就成为立法和行政机关关注的重点，只要有可能造成环境污染或生态破坏的行为都应当纳入环境保护的规范对象加以规范。通常来看，判断危险存在的关键在于确定行为和危害后果之间的因果关系。我们对危险的判断，往往出于一种预测性的决定，且这种判断并非主观想象或凭空产生，而是依据客观经验和现实世界的事理法则，建立在对损害发生的因果关系有大量认知的基础上。

随着工业革命在西方国家发生，各工业化国家都出现了史无前例的环境损害问题。这些与大机器生产如影随形的问题包括工业产品质量、锅炉爆炸、机动车事故等，也包括环境污染致人损害现象日益增加，虽然发生的类型、频次、程度和阶段等各有差异，但是从整体上看，这些"事故"从早期农业和手工业社会中的例外现象，一跃成为工业社会中的常见甚至普遍的损害问题。同时，危险责任也应运而生，出现在各国法律中。危险责任的概念源于德国法，德国法中的危险责任是指企业经营活动，具有特殊危险性的装置、物品、设备的所有人或持有人，在一定条件下，不问其有无过失，对因企业经营活动、物品、设备本身所具风险所引发的损害行为承担侵权责任。[1]近代工业革命以来，从不同于传统农业文明的"特殊危险"出发，定义此种新型的

---

[1] 朱岩.危险责任的一般条款立法模式研究[J].中国法学，2009（3）：30-52.

危险责任,为法国、瑞士、日本等大陆法系国家引入。在19世纪中后期,危险责任逐渐兴起,现已成为与过错责任并立的现代侵权责任的两大归责基础。《中华人民共和国民法通则》没有直接使用"危险责任",而是使用了"高度危险责任"的概念。该条内容与第一百二十二条的产品责任和第一百二十四条的环境责任共同构成现代侵权法中的危险责任。[1]这些规定也被《中华人民共和国侵权责任法》《中华人民共和国民法典》继承和接受,并发展为更完整的动态体系。

后工业社会生产力的快速发展推动了科学技术的进步、催生了更多的新生事物,同时使得其造成的损害已经逐渐溢出民事责任领域。随着环境问题的日益凸显,行政权扩张下的政府负有环境防御义务。政府的危险防御义务不仅包括抵抗妨害公共安全的违法犯罪和自然灾害,也包括防御有害物质经由水、土壤、空气造成的威胁,防止水污染、土壤污染、大气污染等明显的对具体环境的危害。生态环境破坏日益严重的现实和日趋恶化的发展趋势,使得政府有义务对这些危险加以抵抗。政府应当充分运用宪法和法律赋予的环境与自然资源开发利用决策权、开发利用环境许可权、开发利用环境监督管理权,以及法律赋予行政机关的规章制定权、行政强制权、行政处罚权等,运用行政检查、行政确认、行政给付、行政指导、行政裁决、行政征收等方式履行环境危险防御义务。各级政府的生态环境主管部门应建立和健全生态环境执法体系,并根据生态环境保护的现实需求,在执法手段、执法程序、责任追究、能力建设等多个方面,针对新危险的出现和变化不断完善和动态改进,从而促进生态环境法律的实施,以确保对各种环境危险进行有效规制。具体而言,政府的环境危险防御义务主要通过制定环境标准、落实环境责任等方式履行。

（三）风险预防义务

一般而言,"风险"的概念是相对于"危险"而言的,指无法经

---

[1]　朱岩.危险责任的一般条款立法模式研究[J].中国法学,2009（3）：30-52.

由经验法则判断后果、可能对法益造成危害的因素。[1] 现代社会科学技术的快速、迅猛发展，造成了生态环境破坏的因素溢出具有确定性的危险范围。我们对复杂生态系统的认识还存在许多的不确定性。在此基础上风险（risk）的概念得到广泛认可。随着生态环境危机的日益严峻，风险概念已经从单纯的"技术—经济"范畴，扩展为一个社会理论范畴，并在社会科学文献中逐渐被广泛使用。[2] 风险本质是费用、损失或与损害相关的不确定性。[3] 同传统的"危险"相比，现代社会中的"风险"带来的不确定性也影响了环境危害后果与人类行为之间的因果关系。传统意义上的危险防御已经不再能涵盖现代技术所产生和带来的各种风险，经验法则或科学证据无法支撑现代社会准确判断其中的复杂因果关系，大量不确定性的"风险"正在涌现。总体上看，风险在理论和实践中都难以完全消除，只能在一定程度上加以预防和控制。对风险理论的研究意在以政府事先干预限度的配适程度为核心，研判所采取预防行动的类型、层次和路径。

国际社会在上述认识的基础上提出了风险预防，一般认为该规范最早产生于 20 世纪 60 年代的德国，并于 1984 年的《北海公约》部长级会议上正式出现。此后，环境法领域中的风险预防如燎原之势迅猛发展，涉及几乎所有环境保护领域，在国际国内被广泛重视。据著名国际环境法学家基斯教授统计，1990 年以后的国际环境法文件几乎采纳了风险预防原则。[4] 不同国家的理论和实务部门在不同时期对风险差异的理解也有不同，表述大相径庭，甚至截然对立。不同的国际法律文件对风险预防原则的规定存在明显变化。我国学界通常接受的界定是王曦教授的定义，所谓风险预防原则，"为了保护环境，各国应按照本国的能力，广泛适用预防措施，遇有严重或不可逆转损害的威胁时，不得以缺乏科学充分确实证据为理由，延迟采取符合成本效

[1] 陈海嵩. 国家环境保护义务论 [M]. 北京：北京大学出版社，2015：76.
[2] 刘小枫. 现代性社会理论绪论 [M]. 上海：上海三联书店，1988：47-48.
[3] 刘超. 环境风险行政规制的断裂与统合 [J]. 法学评论，2013，31（3）：75-82.
[4] 亚历山大·基斯. 国际环境法 [M]. 张若思，译. 北京：法律出版社，2000：93.

益的措施防止环境恶化。"[1] 在风险社会、风险世界的背景下，政府如何有效规制公共健康、食品安全、环境保护等领域的风险已经成为全世界、全社会关注的重大问题。个人和社会组织在充满不确定性的各种风险面前缺乏专业知识，也没有足够资源，总体上应对乏力。风险应对需要掌握专业知识、权力和资源的国家干预。行政机关的灵活性、专业性优势是应对复杂形势的重要依据，不可能被立法机关和司法机关所取代。在这一意义上，应当重视行政机关在实现国家环境保护义务中所发挥的重要作用，除了强化政府责任，还应注重政府规制能力的提升，促使其有效履行生态环境保护义务和实现保护目标。对于不确定性的环境风险，政府应当以社会所能接受的风险为限，采取适当的风险预防措施。以社会能够接受的风险的预防为基础，在制度层面，通过对机构职责、规制手段、规制程序、公众参与等问题予以立法确认，为行政机关履行环境风险预防义务，提供规范层面支撑和规则上的抓手。

　　风险预防原则已经从学理转向规范。各方围绕风险预防原则进行不同的表述，有些法律文件将风险预防界定为原则，有些表述为"风险预防义务"，还有的表述为"风险预防措施"或"风险预防方法"。也有不直接涉及风险预防字样，但是表达了风险预防原则的实质内容。上述这些有关风险预防的表述皆有其内在的特定含义，不能简单将其视为近义词。尽管风险预防原则在理念的抽象层面已经获得了各国、各界的高度认同，在各种国际条约、宣言、决议和国内立法上或多或少、或强或弱都体现了风险预防的精神和意图。核心思想表现为：①环境风险的危害被怀疑达到了一定程度；②风险预防原则的目的是处理科学的不确定问题的；③不确定性不能成为拒绝行动或延迟行动的理由，法律上的不行动至少是不正当的。[2] 严格法律意义上的风险预防原则尚未形成，在制度层面上针对具体领域的风险预防一直无法提出适用

[1]　王曦. 国际环境法 [M]. 北京：法律出版社，1998：116.
[2]　唐双娥. 环境法风险防范原则研究：法律与科学的对话 [M]. 北京：高等教育出版社，2004：140.

规范。风险预防原则本身是否明确，并不是核心的法律问题。理论和实践中已经形成这样的共识，即使面临环境损害的威胁，关于威胁的信息及其可能的效果无法确定，仍应采取预防行动。可见风险预防原则的核心理念是存在的，并已经被广泛接受。

鉴于风险预防原则在理论和实践中受到政治、经济利益的干扰而无法明确界定。有人认为，应该放弃对风险预防原则的实质性定义。风险预防原则不是一种政策法则，个案与个案之间无法确保一致，其本身提供了一个管理不确定性风险的理性框架。对此，有学者提出，风险预防原则是公共政策的首要依据。它是一个决策程序，旨在指导法律的制定，以限制公共和独立行为者为人类和环境健康的利益而开展的活动。风险预防原则的作用不是为不确定条件下的政府决策提供一般性的规范指导，更多地表现为在实践层面上提醒决策者注意环境与人体健康的保护。风险预防并非直接与任何组织性、经济性利益对抗，风险预防原则更倾向成为一个程序性机制。

对于风险预防原则，还有从成本—效益分析结果决定如何适用的主张，美国著名学者理查德·波斯纳、凯斯·R.孙斯坦等持类似观点。早在1992年，《里约环境与发展宣言》原则15体现了成本—效益分析。该原则提出，各国为了保护环境应根据它们的能力广泛采取预防性措施。这里的预防性措施显然包含了风险预防的含义。该原则还进一步指出，各国不得以缺乏科学充分确实证据为理由，在遇有严重或不可逆转损害时，应当采取符合成本效益的措施防止环境恶化。显然该宣言是认可符合成本效益的风险预防。在此基础上，美国学者孙斯坦主张政府应依据成本—效益分析的结果决定风险规制的方式。[1] 进行成本效益分析还需要以对风险的概率、等级、阈值等相关信息的澄清、明确为前提。针对具有科学不确定性的风险，应依据一定的审议程序做出决定，并保持风险议题法律协商和审议的开放性、反思性的动态

---

[1] 凯斯·R.孙斯坦.风险与理性：安全、法律及环境[M].师帅，译.北京：中国政法大学出版社，2005：109.

过程，在必要时可以对此前决定进行修订和修正。[1] 在遇到严重的或不可逆转的威胁时，则应当直接采取预防性措施。甚至在面临可能招致灾难性后果的风险时，行政机关可以不经过立法机关的审议程序，直接采取预防管制措施。这些是由严重或不可逆转损害的灾难性风险的特性所决定的。在此种状况下，可以超越传统的行政管制正当性获取模式。行政机关依据立法机关的授权而合法运作的"传送带理论"在风险预防原则下可以适度超越，从而赋予行政机关在采取管制措施、履行风险防御义务的更大的自主权。

围绕环境空气质量改善目标，国务院所印发的《大气污染防治行动计划》也涉及环境污染风险、成本效益问题。这些问题引起理论和实务部门的高度关注。实践中各地政府主要通过重点工业源污染治理、机动车治理、锅炉污染治理、施工工地和道路扬尘污染整治、淘汰落后产能、监管能力建设等措施，进行大气污染防治。以成渝地区《大气十条》实施的成本效益为例，成渝地区《大气十条》实施成本为 376.3 亿元，环境健康效益为 670 亿元，环境健康效益比实施成本高 78%。环境健康效益大于其治理成本。[2] 同时，某些地方政府为应对中央的政策督察和指标落实，对某些行业存在污染的企业，不管其是否合规，采取一律停工停业停产的措施。"一刀切""运动式"的做法给经济和社会发展带来了产品供给受限、价格飞涨、企业经营困难、工人大量失业等负面后果。一些地区政府为减少散煤使用、改善大气环境质量而制定和实施"煤改气"政策，给燃气供给、入户管道设施安全、供暖季民用天然气紧缺等方面带来了很多问题，产生了广泛的社会影响。对这些举措的分析通常是从合法性方面展开的，也可以通过环境风险规制的成本效益分析相关法律政策制定实施后，对经济社会和生态环境等方面产生的费用及效益进行综合评判，从而为生

[1]　陈海嵩. 解释论视角下的环境法研究 [M]. 北京：法律出版社，2016：166-167.
[2]　马国霞，周颖，吴春生，等. 成渝地区《大气污染防治行动计划》实施的成本效益评估 [J]. 中国环境管理，2019，11（6）：38-43.

态环境法律政策的制定和实施提供经济评价上的依据。风险预防不是最大限度或无限度地追求安全，而是试图从末端被动应对迁移至前端主动预防，以尽可能探寻妥当的方式与路径。实践中我们需要在风险降低程度和环境污染控制成本之间进行权衡。

综上所述，环境义务的履行已经开始从污染物排放数量上的约束转向为总体的环境质量。各级政府承担对当地生态环境质量的义务显然比企事业单位和其他生产经营者等排放主体更为适合。对于政府履行有关保护生态环境的义务，无论是现状维持、威胁防御、风险预防，还是其他重要的环境质量义务，重要的不是出台各种对政府"问责"的方案，强化各种法律责任，而是加强推进各级政府在履行生态环境保护义务方面的激励和约束的制度建设。

第二节　生态文明思想

自党的十七大正式将生态文明写入党的报告以来，我国高度重视生态文明建设，把生态文明建设提到与经济建设、政治建设、文化建设、社会建设并列的位置，形成了中国特色社会主义五位一体的总体布局，提出了一系列关于生态文明建设的新理念、新思想、新战略、新机制、新目标。党的十八大后的多次中央全会决议都提到了用生态补偿相关的制度建设保护生态环境，建设生态文明。国务院关于生态补偿建设的多个报告、文件也多次肯定、强调生态补偿对生态文明制度建设的重要意义，建立科学合理的生态补偿制度越来越受到重视。环境空气质量生态补偿法律机制就是在生态文明建设理论要求指导下生态补偿机制所进行的具体制度创新，完全符合国家对建立健全生态补偿机制的定位和要求。

生态文明既是有别于农业文明、工业文明的一种文明形态，也是宏观的思想理念、系统的理论知识和系列的制度规则。不管生态文明是文明形态还是思想、理念、理论，都需要大量的、系统的制度规则来保障其实施。自党的十七大报告正式提出生态文明以来，党的十八大、十九大、二十大均对生态文明进行专门阐述，生态文明在中国受到了广泛和深入的重视，并产生了积极、良好的影响。2018年生态文明正式被写入《中华人民共和国宪法》，生态文明正式成为我国根本性大法的一部分，其适用范围和主体最为广泛。《中华人民共和国宪法修正案》（2018）将宪法第八十九条第六项修改为"领导和管理经济工作和城乡建设、生态文明建设"，扩大了国务院的职权范围。该法案的出现是对行政机关在生态环境保护领域中职责和作用的强调，将生态文明建设增列为中国政府的职权，内涵上仍属于环境保护基本国策的有机组成部分，兼具授权性和义务性。

　　生态文明建设如何进行一直是理论和实务部门关注、思考和探索的重大问题。经过长期的积淀和研究，2018年召开的全国生态环境保护大会明确指出，"生态文明建设正处于压力叠加、负重前行的关键期""攻坚期"，也到了"有条件有能力解决生态环境突出问题的窗口期"，会议提出了生态文明建设六项原则，这些原则是生态文明思想理念的具体体现，为我们进一步加大生态文明建设力度，打好污染防治攻坚战提供了更为明确、具体的指导。作为生态文明制度的重要组成部分，生态补偿制度是不可或缺的。生态补偿的实施可以落实各主体的生态保护权责、调动各方面参与环境保护的积极性，也成为推进生态文明建设的重要手段和制度创新。环境空气质量生态补偿法律机制也是生态文明建设制度保障的组成部分，其产生和发展是落实生态文明思想的产物，也必然要受到生态文明建设六项原则的指导。

一、坚持人与自然和谐共生

　　人与自然的关系不是一成不变的，马克思主义自然观的基本观点是肯定自然环境与人类社会之间的交互作用。在农业文明时代，人类的力量还非常弱小，人类的生产、生活都受制于自然，"靠天吃饭"
是农业文明的一大特点。人类匍匐在自然脚下，自然是神秘莫测的存
在，人类对自然只能崇拜。[1] 马克思认为，"自然界起初是作为一种
完全异己的、有无限威力的和不可制服的力量与人们对立的"。[2] 随
着近代科学技术水平的提高，工业革命的发生，人类认识自然、利用
自然的能力逐渐增强，并创造了丰富的物质财富。面对自然，人类的
态度从恐惧、崇拜转变为试图改造自然、征服自然。"人类对大自然
的伤害最终会伤及人类自身，这是无法抗拒的规律。"

　　生态文明在人与自然关系的建构上是不同于农业文明、工业文明
的。生态文明的出现，在人与自然的关系上既不是农业文明时代的仰
视自然，也不是工业文明时代的俯视自然，而应当是平视自然。恩格
斯在《自然辩证法》中提出："我们必须时时记住，……我们连同我
们的肉、血和头脑都是属于自然界，存在于自然界的……我们比其他
一切动物强，能够认识和正确运用自然规律。"[3] 这种平视正是建立
在对自然规律的理解、掌握之基础上的，强调"尊重自然、顺应自然、
保护自然"。对人与自然关系的梳理，我们可以发现人类不必恐惧、
崇拜自然，也不能征服、改造自然。平视体现在人与自然的关系上就
是应当建立人与自然的和谐共生关系。人是万物之灵，是自然长期进
化的产物。人与自然长期以来的共同生存，既不同于自然，独立于自然，
也是自然的一部分。和谐共生则对这种共生关系的性质进行了界定。
从工业文明向生态文明的转型中，环境法时代的"保护利用"思路转
变为生态法时代的"共生"思路。[4]

　　坚持人与自然共生的根本宗旨是尊重自然、顺应自然，不再将自

---

[1] 农业文明时期，由于人类在某些人口集聚的区域密集从事特定行业，产生了一定的生态环境问题，比如人类长期的森林砍伐、耕种造成黄土高原水土流失，但总的来说，人类的能力还十分弱。

[2] 中共中央马克思恩格斯列宁斯大林著作编译局译. 马克思恩格斯全集第二十九卷 [M]. 北京：人民出版社，1972：81-82.

[3] 中共中央马克思恩格斯列宁斯大林著作编译局译. 马克思恩格斯全集第二十九卷 [M]. 北京：人民出版社，1972：4.

[4] 朱明哲. 生态文明时代的共生法哲学 [J]. 环球法律评论，2019，41（2）：38-52.

然单纯视为人类开发、利用的对象，而是认可人与自然都是生态系统当中相互作用的组成部分，将自然置于与人类平等的关系。这一定位正确地指出了人类离不开自然，人类与自然相互依存、紧密互利的关系。人与自然生命共同体的提法直接提升了自然的法律地位，有利于我们正确认识自然。在对待人与自然的关系上，此前出现的各种思潮往往存在没有正确地对待自然的现象。一方面，一些思潮将自然视为客体，认为人类可以开发、利用、改造甚至征服自然。这些思潮在人类社会的发展历程中曾经占据主导地位。人类社会步入工业文明时代通常被认为是在17世纪欧洲工业革命后。人类在工业文明时代创造了比以往都要发达的生产力，这将人类文明发展到新的高度。只有在工业文明的鼎盛期我们才能清楚地发现文明与自然之间张力的极限。现代人大量开发、大量生产、大量消费、大量排放，工业文明在短短的300多年时间就把文明与自然之间的张力推到了极限。本书表明，科学技术的进步不断导致新问题的出现，为了解决这些新问题而研发出的新技术又会产生新的问题，带来新的风险。人类社会在这一恶性循环中获得的收益相对有限，付出的代价却很惨重，带来的威胁和风险也日益增高。农业文明时代，中国古代曾强调"天人合一"，但在时代的局限性下，古代统治阶级无法遏制的物质贪欲，使得"天人合一"成了圣人口中美好的蓝图和现实中百姓难以企及的期盼，农业文明时代，落后的生产力根本无法谋求和实现人类文明与自然之间的真正平衡。另一方面，工业文明虽然带来了丰富的物质产品，但大量的自然资源消耗和自然生态系统的破坏也是惊人的。20世纪中后期，随着人类生态环境意识的增强，一些机构和研究者如"罗马俱乐部"，提出"世界性灾难即将来临的预测"和"零增长"的对策性方案。罗马俱乐部式的人与自然的关系已经被证明是不准确的，我们保护自然不是为了单纯为保护而保护，而是为了更好地发展和保护人类，强调以人为本而不能本末倒置。人与自然是生命共同体，不能片面强调保护自然而忽视人类的内在利益需求和发展，不能"为泼脏水把孩子也泼出去"。

坚持顺应自然和维系人与自然和谐共生关系的根本宗旨是尊重自然。面对社会发展过程中出现的大气污染问题，我们应该坚持大气污染是环境问题，也是发展问题。大气污染在发展过程中产生，也将通过经济社会的绿色发展、可持续发展逐渐解决。罗马俱乐部式的人与自然的关系已经被证明是不正确的，我们保护自然是为了更好地发展。人与自然是生命共同体，不能片面强调保护自然，不能"为泼脏水把孩子也泼出去"，要尊崇自然，敬畏自然，实现绿色发展，要实现人与自然的和谐相处和共生。人与自然的共生关系要求我们一方面转型经济社会发展，另一方面注重生态保护，在经济社会可持续发展中保护自然生态环境而非将二者割裂。我们要将经济利益和生态环境利益并重，坚持在推动经济增长的同时积极减少环境破坏和污染物排放。

通过生态文明的和谐共生理念处理人与自然的关系要求我们更加需要平等地看待自然，提升自然的法律地位，要尊崇自然，敬畏自然，用可持续的方式实现人与自然的和谐相处和共生，用文明的方式对待自然。人所赖以生存的衣食住行等无不是取自于大自然，人类的生存生活生产皆离不开自然，所以我们应该取之有方。生态文明既是一种文明形态，也是一种文明对待自然的方式。传统的环境保护法诞生于工业文明时代，是对工业文明所造成的严重环境污染和损害的反思与纠偏，但仍然是以人类为中心，将生态环境视作客体而非权利的主体。人与自然和谐共生理念的提出，改变了长期以来我们将自然视为客体的做法，赋予了自然生态环境部分的主体地位。要提升自然的法律地位，目前来看由中央和地方政府代替自然行使相关的权利义务最为合适，这一转变确保自然的权利受到人类的组织和个人损害时，损害发生地的政府可以代表自然向赔偿义务人主张权利。在出现的损害难以归责为具体的组织和个人时，也可以要求损害结果出现地的地方政府承担生态补偿的义务。在保护自然生态系统方面有贡献的地区，其也可以依法获得来自纵向和横向的惠益，并由该地方政府将其用于当地的自然生态系统保护。

人与大气环境也应当是一种和谐共生的关系。大气是自然的一个组成部分。人的生存与发展离不开自然，也离不开大气。人类的生存、发展离不开大气环境，大气环境也需要人类在尊重自然的基础上提供补偿，对大气环境进行保护。人类社会和自然的区分从来都没有真正变成现实，那么超越这种区分也就成了必然。总之，生态法时代的共生法哲学要求我们尝试与万物共生于自然中。和谐共生理念的提出从根本上改变了此前我们将环境视作单纯的客体的思想；生态补偿的提出和实践，从具体制度上明确了生态环境可以享有部分权利而非仅仅是单纯的主体权利的承受对象。

二、蓝天白云也是金山银山

"绿水青山就是金山银山"简称为"两山论"，这是习近平总书记在考察安吉县农村时提出的。金山银山是指用生态资产、生态价值可以直接体现或转化为经济价值。"两山论"形象地说明了生态环境的经济价值。该提法并非只限于绿水青山。习近平总书记对该理论的内涵进一步阐发，在"绿水青山"的基础上提出"环境就是民生、青山就是美丽、蓝天也是幸福"。2016年3月，习近平总书记在参加黑龙江省代表团审议时指出，"黑龙江的冰天雪地也是金山银山"。有的代表团也提出"蓝天白云也是金山银山"。绿水青山是一种形象、概括的说法，可以代表自然资源、环境要素和生态环境。绿水青山可以代表山川、河流、冰川、原野以及存在于大气环境中的蓝天白云，还可以指自然环境中的自然资源，包括大气、森林、土地、河流、矿产、湖泊以及由基本生态要素形成的各种生态系统。

自然资源在《辞海》中被定义为：天然存在的自然物（不包括人类加工制造的原材料）并有利用价值的自然物，如土地、矿藏、水利、生物、气候、海洋等资源，是生产的原料来源和布局场所。联合国环境规划署对自然资源的定义为：在一定的时间和技术条件下，能够产生经济价值，提高人类当前和未来福利的自然环境因素的总称。绿水青山是生态环境的组成部分，也是自然资源的一种。绿水青山是指整个生态环境和所有自然资源，也包括了大气。生态环境和自然资源可以产生经济财富，还能带来生态利益。蓝天白云也是自然资源，具有转化为经济价值、产生经济效益的功能。大气中存在的太阳辐射、风能、热量、云水、大气成分等自然物质和能量，是自然资源和环境的重要组成部分。

"绿水青山就是金山银山"的论断中，金山银山代表着经济利益，而绿水青山作为自然资源，既有经济利益也有生态利益。曾经很长一段时间我们对经济利益进行片面追求，生态环境系统的保护被忽视，生态利益被无视。为了发展经济而破坏生态环境的现象比比皆是，层出不穷。生态环境的破坏也逐渐殃及人类自身。人们经历了惨痛的教训后，开始重视生态环境保护，珍视生态利益。生态文明思想被认可和接受前，人们面临经济利益与生态利益的冲突。"利益分析是一种重要的法学研究方法，是理解各种社会主体本性及其运行趋势的重要工具。正确的利益分析可以帮助立法者解析立法背后繁杂的利益关系，找到因势利导和定分止争的途径，保障法律的有效执行，促进科学立法和决策。"[1] 人类社会的存在、发展离不开一定的经济利益，也离不开生态利益。人类不能只追求经济利益而不顾生态利益，也不能只讲生态利益不讲经济利益。经济利益与生态利益发生冲突时，我们需要在二者之间找到协调和衡平之道，在推动经济社会发展的同时，保障和扩大生态利益的供给，实现二者共存，而不是传统的零和博弈。

目前，我国已经组建新的生态环境部和自然资源部作为国务院的组成部门。这些部门在强化命令—控制手段的同时，需要重视激励机

---

[1] 韩卫平，黄锡生. 利益视角下的生态补偿立法 [J]. 理论探索，2014（1）：125-128.

制和规则。我国应当提升对"绿水青山""蓝天白云"所包含的经济利益和价值的重视程度，拓宽将生态价值和生态利益转化为经济利益的道路和途径，要建立体现自然资源和生态环境经济价值及生态价值的生态支付系统，把"绿水青山"作为第四产业经营。所以，最重要的是要加快建立体现生态价值、代际补偿的资源有偿使用制度和生态环境补偿制度。[1]"绿水青山就是金山银山"的论断虽然没有直接提及大气环境，但是其包含了大气环境，包含了对大气环境经济价值和生态价值的认可。环境空气质量生态补偿法律机制作为新的法律制度，其出现既是对大气环境的生态价值的肯定，其运行也体现了通过经济利益手段促进生态价值实现的有效性。

三、良好生态环境是最普惠的民生福祉

大气环境质量改善已经成为人民群众期盼的重大民生问题之一。在社会生活中，均等化的公共产品和服务是理想化的。实践中，偏向型公共产品供给制度广泛存在，造成某些地区、某些群体的公共产品供给短缺、供给成本分担不合理、公共产品收益分配不公平、供给决策机制不规范等问题。这些不公平偏向型供给制度严重影响了经济社会的发展，导致经济社会发展进一步失衡，也引发了部分群体和地区的不满。依靠法治来实现基本公共产品和服务供给的均等化是我国的现实选择。[2]无论是在基本公共产品，还是在服务的各个相关领域，我们都要在法律规范下促使国家履行相应的责任，同时确保公民平等地行使相应的权利。

良好的生态环境是最普惠的民生福祉的论断，体现了国家对普罗大众的关怀，凸显了生态文明建设的公平正义观。环境正义的理论和

[1] 王金南，苏洁琼，万军."绿水青山就是金山银山"的理论内涵及其实现机制创新[J].环境保护，2017，45（11）：13-17.
[2] 黄茂钦.依靠法治方式实现基本公共服务均等化[N].中国社会科学报，2014-04-02.

实践表明，弱势群体更容易遭遇生态环境破坏带来的不利影响。大气是生态环境的重要组成部分，也是人类生存发展的基础。人类的生活、生产乃至生存都无法离开大气，无论男女、长幼、贫富、贵贱，古今中外概莫能外。良好的生态环境是最普惠的民生福祉也是最公平的公共产品。空气作为公共产品具有天然的流动性，这种流动性无法用人为的方式加以阻隔。在基本公共产品和服务均等化的法治保障愿景下，良好的生态环境，特别是良好的大气环境成了公平供给不同群体的公共产品。

空气没有替代品，地球上生活的人类都要呼吸。如果空气不能呼吸，那么人类就无法生存。空气是自由流通的，没有人能生活在与外界隔绝的环境里。治理大气污染，改善空气质量，是普惠的民生福祉。在实践中，我国一些地区坚持环境空气质量生态补偿的做法，在传统的政府命令控制外增加了新的解决方式和手段，减缓了人类对大气的污染，为不断满足人民日益增长的清洁空气需要做出了贡献。

四、山水林田湖草是生命共同体

人类生活与大大小小的很多个生态系统密切相关，自然界的生态系统大小不一，多种多样，小如一滴湖水、水沟、水池、花丛、草地，大至湖泊、海洋、森林、草原、大气乃至地球上一切生态系统的生物圈，甚至地球所在的太阳系也是一个生态系统。人与自然是生命共同体的一个具体形象的说法就是，山水林田湖草是生命共同体。山水林田湖草可以形象地代表自然。党的十八大以来，习近平总书记从新时代自然资源和生态系统管理的宏观视角提出"山水林田湖草是生命共同体"。习近平总书记指出，要用系统论的思想方法看问题，生态系统是一个生命躯体，应该统筹治水和治山、治水和治林、治水和治田等。山水林田湖草生命共同体是多种要素构成的有机整体，包括但不限于山、水、林、田、湖、草。关于生命共同体的组成，初期的提法是"山水林田湖"是一个生命共同体，2017 年后"草"被加入，即"山水林田湖草"是一个生命共同体。2021 年又先后提出的统筹"山水林田湖草沙"系统治理，坚持"山水林田湖草沙冰"系统治理，生态文明思想关于人与自然生命共同体的论述、部署不断拓展深化。

习近平总书记在青海考察，听到当地干部汇报正统筹推进"山水林田湖草沙冰"系统治理时赞许道："我注意到你们加了个'冰'字，体现了青海生态的特殊性。"[1] 山水林田湖草沙冰一体化保护和系统治理，使得人与自然生命共同体的内含从最初的 5 个字到如今的 8 个字，折射出生态文明建设的系统性和地域性，这要求我们在保护生态系统时要因地制宜。在此基础上，有地区提出，"统筹山水林田湖海湿地系统治理"。[2] 还有地区进一步指出，加强生态文明建设，统筹山水林田湖草系统治理，一体推进治山、治水、治气、治城。[3]

关于生命共同体组成的说法在各地有不同的表述，其实质在于生态系统各要素之间是普遍联系和相互影响的。生命共同体不是僵死的，不能用机械的、固定的眼光看待作为生命共同体代表的生态系统，更不能对生态系统的要素进行分割式管理。

生命共同体具有整体性和系统性，其另一特点是不可逆、不可替代。对生态系统进行分割式管理很容易造成生态系统的破坏。长期以来，人类开发利用生态系统的惨痛经历告诉我们，当我们开发利用某一种资源或环境要素时，不可避免地会对另外的资源及其生态环境产生各种影响。这些影响如果管理不当，就会表现为负外部性，甚至对整个生态系统产生负面影响。山水林田湖草是生命共同体的论断体现了整体性的系统思想。山水林田湖草并非单一的某种资源或环境要素，而是自然生态系统的代表，可以被视作统一的生态系统，是各种自然要素相互依存而实现循环的自然循环链条。生命共同体各要素间是

<hr>

[1] 江源平，杨燕玲 . 全力打造山水林田湖草沙冰保护和系统治理新高地 [N]. 青海日报，2021-10-27 .

[2] 陈建军 . 统筹山水林田湖海湿地系统治理 [N]. 广西日报，2020-09-25.

[3] 姚凡 . 统筹山水林田湖草系统治理，一体推进治山、治水、治气、治城 [N]. 太原晚报，2021-10-08.

普遍联系和相互影响的，不能突出强调某一种或某几种资源或环境要素，不能为了某些团体和地方的利益对自然生态系统实施分割式管理。山水林田湖草是生命共同体，虽然并未正式提到空气，但并非否认大气环境的重要性，我们需要用系统论、整体论来看待大气环境的作用。

系统整体的思想强调生态环境治理需要综合运用多种治理手段，要统筹兼顾、整体施策、多措并举。治理大气污染、提升环境空气质量，不能只抓大气污染物的排放，还必须运用系统论的思想方法管理自然资源和生态系统，处理好治山、治水与治气的关系。按照生态系统的整体性、系统性统筹考虑自然生态的各要素，必须依据区域性原则，根据各地的山、水、林、田、湖、草的具体问题，针对性地采取适宜的对策和措施，应当包括山上山下、地上地下、河流森林，以及上下游、南北方、东西部甚至海外，处理好局部与整体、人与自然的关系，推动和进行整体的生态环境保护。在推动生态补偿上同样需要系统思维，既需要在森林、河流、草原、海洋、矿产等领域推动生态补偿，也需要在大气、土壤保护等领域推动生态补偿。我们要根据各地自然生态系统的特征，选择符合当地特点的机制推进生态补偿建设。

五、用最严格制度最严密法治保护生态环境

作为生态文明建设的六个原则之一，保护生态环境需要用最严格制度最严密法治这样的表述方式，这是对此前严峻的生态环境形势的回应，体现了我们对生态文明建设的坚强决心和坚定态度。"要用最严格制度最严密法治保护生态环境"的提法正式出现于 2018 年 5 月召开的全国生态环境保护大会上。早在中国共产党十八届三中全会时，习近平总书记就提出，"用制度保护生态环境"。在全国生态环境大会上的讲话，党和国家领导人用最严格最严密的表述重申了对保护生态环境的高度重视。这一论断要求我们在宪法和法律的框架下加快制

度创新，从理念、理论层面上强调生态环境的保护，从法治和制度层面上进行具体落实，从而让制度和法治成为刚性约束和不可触碰的高压线，为建设生态文明保护生态环境提供助力。

我国大气污染防治领域的环境治理，在雾霾围城、大气污染日趋严重的背景下面临严峻挑战。生态环境保护的立法、执法、司法也呈现出全面趋紧状态。在生态文明建设理念指导下，新修订的《中华人民共和国环境保护法》和《中华人民共和国大气污染防治法》均号称"史上最严"。从媒体对我国修订的环境法律的称呼可以看出，当前我国的环境法治建设对污染主体破坏生态环境行为的处罚力度相当大。"史上最严"的提法表现在环境法的制定、实施和法律适用等诸方面。通过加大对环境违法行为的制裁，对破坏行为强化矫正，对受损的生态环境进行修复，对相关主体形成威慑，以追求惩前毖后的效应。我国多次进行大气环境保护专项执法。《中华人民共和国大气污染防治法》（2015）修订后顺利实施，取得了一定的成效。针对"蓝天保卫战"遇到的问题，生态环境部门的负责人在回顾总结时尖锐地指出，防治大气污染还存在问题，"抓一阵松一阵，有外在压力的时候就抓一下，风头一过就放一边"。这些问题与制度严格性不够、法治的严密性不足直接相关。对此，研究表明，克服"运动式"治理污染，走向常态化治理必然需要让法律"长牙""带电"。贯彻生态文明思想、实现标本兼治，必然需要用制度和法治保护生态环境。

强调用制度和法律保护生态环境是针对当前生态环境日趋恶化的状况做出的必要部署，也与此前我国在生态环境保护上常见的"运动式治理"有关。运动式生态环境治理受到了我国各级政府的偏爱，已呈现出多发化的趋势。改革开放四十多年来，我国在快速推进工业化、城镇化的同时，遭遇了越来越严重的生态环境问题，其中大气污染作为突出问题被高度关注。改革开放后，立法、行政、司法等机关从生态环境综合性立法、大气污染专门性立法、专项执法检查、定期检查监督、联动司法保障等制度保障一一建立，却仍然多次面临着常规治理手段成效不彰、间歇失灵的尴尬。当举行重大活动需要保障环境空气质量不偏低时，政府却能拿出一些非常规的、游离于现有法律制度之外的方式让蓝天在重大活动期间重现，"阅兵蓝""APEC 蓝""G20蓝"等治理成效显著的短期成果不时见诸报端。

当运动式生态环境治理开启之后，我国大气污染防治工作开始受到属地政府的重视，其通常将法律问题上升为政治任务来完成。通过对社会的治理资源再整合，我们在相当大的程度上解决了大气污染防治法工作受困于环境保护重视不足、资源匮乏与力量有限的问题。运动式治理通过跨机构的组织协调、量化的指标分解、严厉的责任层层落实机制的运转，实现了"上下联动"，让上级政府要求"做好某某活动期间空气质量保障工作"的决策意图得以顺利贯彻、落实到位。运动式治理的本质属于环境权威主义的一种表现形式，政府通过强制性命令与规制手段最大限度地发挥出行政组织的强大统筹力和协调力。[1] 运动式治理生态环境，为实现上级政府目标和指标，往往容易出现过度的措施，偏离法治轨道。企业作为污染的直接产生者更是受到政府的"特殊关照""强制关停""禁止燃煤""一律淘汰"等，"一刀切"的现象更是时有发生，侵害了企业的正当利益。[2] 运动式治理的弊端正在逐渐显现，治理状态不可持续、治理手段"游走"在合法和合理的边缘、治理结果反弹、治理成本高、责任转嫁等问题不时暴露。运动式治理也有其自身优势，因具有动员范围广、执行标准严、整合效率高等优势，能够快速纠正各种违法违规行为，也会对各种潜在的违规者产生较强的威慑作用，从而减少各种违规或违法事件的发生。运动式治理为常态化治理提供了基础，多次运动式治理可以加深我们对中国生态环境保护状况的认识，通过对运动式治理中的做法进行识

[1] 贺璐，王冰."运动式"治污：中国的环境威权主义及其效果检视[J].人文杂志，2016（10）:121-128.
[2] 赵聚军，王智睿.职责同构视角下运动式环境治理常规化的形成与转型：以 S 市大气污染防治为案例[J].经济社会体制比较，2020（1）：93-100.

别，对其中不符合法律精神的做法进行矫正、扬弃，将行之有效的一些做法和方式保留下来。

在生态文明思想和习近平法治思想指引下，我国提出了编纂环境法典的迫切需求，以构建现代生态环境治理体系的新目标新任务。生态环境法治实践中存在的治理困境形成编纂环境法典的内生动力，系统化、严密化的环境法律规范体系是生态文明建设的外在保障。生态文明建设强调用最严格制度最严密法治保护生态环境，体现严格和严密性的环境法典化成了必然选择。全国人大常委会已将启动环境法典编纂研究列入 2021 年立法工作计划。法典编纂自古以来承载着治安、守成、统一、整理与更新的目的与功能。[1]在特定的国际与国内形势下，环境法典编纂可能成为一种政治策略从而获得巨大政治推力。[2]2018年我国首次将生态文明写入宪法修正案，让生态文明正式成为国家意志，并将生态文明建设增列为政府的职责，体现了中国特色法治模式和中国特色生态环境保护战略。宪法上列为国家目标的环保条款对立法者构成宪法委托，使其负有积极的作为义务来制定和完善各类环保法律，以便于国家开展环境保护。[3]在生态文明思想指引下将环境法法典化，可为生态环境保护领域的执法与司法提供更为完备的规范基础。

环境法典既是生态文明思想的重要载体，也是生态文明建设的法治和制度保障。我国编纂环境法典可以借鉴国内外生态环境法治的优秀经验，全面吸纳前期生态环境治理的健康因素，克服生态环境法治建设存在的弊端和不足，这可以为我国生态环境法治化、制度化提供重大机遇和坚实抓手。

[1] 穗积陈重.法典论[M].李求轶，译.北京：商务印书馆，2014：26.
[2] 吕忠梅，田时雨.环境法典编纂何以能：基于比较法的背景观察[J].苏州大学学报（法学版），2021，8（4）：2-14.
[3] 张翔，段沁.环境保护作为"国家目标"：《联邦德国基本法》第20a条的学理及其启示[J].政治与法律，2019（10）：2-16.

六、共谋全球生态文明建设

拥有蓝天、绿地、净水、青山的美好家园是每个中国人的梦想，也是全人类共同谋求的目标，建设生态文明不仅与中国人民休戚相关，也关乎人类的整体利益。人类历史上第一个保护环境的全球性宣言，是 1972 年 6 月 16 日于斯德哥尔摩联合国人类环境会议全体会议通过的《人类环境宣言》，该宣言就曾在第 2 条明确指出，"保护和改善环境对人类至关重要，是世界各国人民的迫切愿望"，宣言还进一步指出各种环境问题影响着共同的国际领域，它们在范围上是地区性或全球性的，这些特点和要求在各种国际组织的引导下推动着国与国之间广泛合作，并采取行动以谋求共同的利益。大气环境就是其中的典型代表。

地球的大气层具有共通性，当污染物从一国境内的生产生活设施中排放到大气层后，不会只停留在某个固定位置，也不受法律疆界的限制，可能会在大气层中做水平、垂直方向流动，或形成环流。在一定自然条件下，大气污染物对其他国家或地区产生影响是有可能的。来自北京大学、清华大学、加利福尼亚大学欧文分校等著名高校的中美学者携手进行深入研究后，2014 年其在《美国国家科学院院刊》上发文指出，"国际贸易通过重新分配与商品和服务生产有关的排放，可能改变全球排放总量，从而影响全球空气污染产生和运输"。[1] 亚洲地区产生的大量大气污染物，有许多与通过国际贸易出口到欧美国家的商品和服务直接相关。美国国家航空航天局（NASA）在 2015 年的研究中指出，空气污染（其中不少来自亚洲）随着地球大气在仅仅数月内迅速扩散。参与研究的加利福尼亚大学欧文分校的科学家史蒂夫·戴维斯深刻指出，"我们把制造活动和大量污染外包了，但有些污染物'漂洋过海'回来侵扰我们"。我国生态环境部门开展关于沙

---

[1] Jintai Lin, Da Pana, Steven J. Davisb, etc. China's international trade and air pollution in the United States[J]. Proceedings of the National Academy of Sciences of the United States of America, 2014, 111（5）：1736-1741.

尘暴与黄沙对北京大气颗粒物影响的研究后发现，"2001 年中国境内发生的沙尘暴，56% 是在蒙古国南部、东南部起源形成之后到我国，而源于我国境内的沙尘暴只占 44%"。[1]

《美墨加协定》比其前身《北美自由贸易协定》纳入了更多环境准则，也涉及了大气污染合作治理。该协定第 24 章第 11 条专门对环境空气质量进行规定，在该条首先指出了大气污染严重危害公共健康、严重危害生态系统的完整性、严重危害可持续发展，并导致其他环境问题。美国、墨西哥、加拿大三国注意到空气污染可以长距离传播，并影响每个缔约方实现其空气质量目标的能力，协定明确了减少国内和跨界空气污染的重要性，强调信息披露、监测技术、目标规划、应对措施方面的国际合作有助于减少大气污染。在联合国欧洲经济委员会主持下签订的《远距离越境大气污染公约》，是国际社会第一部以控制越境空气污染为目标的区域性多边条约。该公约将欧洲上方的空气环境视为一个整体，承认空气污染物的跨界流动性。[2]

防治大气污染、改善环境空气质量需要具有国内跨地区的视角，也需要国际和全球视角。空气污染和大气输送研究表明供人类生存的大气层只有一个，人类生活在同一片天空下。大气层受到日益严重的污染，空气质量下降会直接或间接地影响每一国家和个人。世界各国都需要深度参与全球环境治理，关注国际贸易中污染物的排放，形成全球大气环境保护和可持续发展的解决方案。大气污染物排放的国际合作可以减少大气污染的排放，新兴工业化国家如中国、印度、巴西、南非等发展中国家与其他国家、地区通过交流排放监测信息、改善污染控制技术、提供援助等，会极大影响这些国家、地区和全球的卫生健康，也有利于生态环境保护和促进可持续发展。各国、各地区在大气污染防治方面的合作符合全球各国共同的利益。

生态文明思想是对我国长期以来生态环境保护的理论和实践的总

[1]　秦京午 . 我国沙尘暴半数源于蒙古 [N]. 人民日报海外版，2002-02-05.

[2]　王曦 . 国际环境法 [M].2 版 . 北京：法律出版社，2005：177.

结，其深化了我们对自然规律、经济社会发展规律、人类文明发展规律的认识，具有鲜明和独特的世界意义。生态文明建设不仅在我国生态环境保护方面产生了显著效果，其影响力也在迅速跨越国境，为国家间和国际性的生态环境保护提供助力。党的十八大以来，中国积极参与全球环境治理，在应对气候变化、生物多样性保护等诸多领域促进全球谈判合作，从最初的追随者逐步成长为全球生态文明建设的重要贡献者，甚至扮演着引领者的角色。

大气污染物与温室气体主要源于化石燃料的燃烧，具有"同根同源"性。二者的应对方式大致相同，都强调通过使用可再生能源减少化石能源使用，从而实现"节能减排"。《中华人民共和国大气污染防治法》（2015）在第二条增加了专门条款，强调大气污染物和温室气体协同控制。协同控制是建设生态文明时的一种制度创新，其理论基础是协同，追求的是大气污染物和温室气体的减排所具有的协同效应。[1] 作为体现生态文明思想理念的制度创新，该规定为开展减污降碳协同增效工作提供了法治基础。目前，我国正引领着可再生能源在全球的发展，在可再生能源投资、装机、发电量、专利数等诸多方面实现了全球第一。这方面的系统举措既有利于我们应对气候变化，也减少了大气污染排放源，对大气污染治理产生推动作用，二者的协同效应在生态文明思想的指引下，开始为全球生态文明建设助力。

第三节　公众共用物理论：悲剧与喜剧

公众共用物（the commons）是指不特定多数人（即公众）可以自由、直接、非排他性享用的东西。用日常用语来说，"公众共用物"就是每一个老百姓不经其他人（政府、组织、单位和个人）批准或许可，也不需要额外花钱（即向他人交付专门使用费），而可以自由地、

---

[1]　龚微 . 大气污染物与温室气体协同控制面临的挑战与应对：以法律实施为视角 [J]. 西南民族大学学报（人文社科版），2017，38（1）：108–113.

直接地、非排他性使用的东西或物品。[1]公众共用物在人类社会发展和人类文明演进的过程中一直备受关注。人类对公众共用物的态度和行为在人类社会发展和文明形成的早期就已经成为公众关注的焦点，并一直持续至今。

大气是生态环境的重要组成部分，既是环境要素也可以视为自然资源，人类生存和发展不可缺失。大气具有的公共属性是大气环境恶化和生态破坏的重要原因之一。大气环境的使用没有排他性、竞争性，人类过度使用化石燃料向大气排放各种气体，使得大气容量被滥用。人类活动引起的大气污染问题开始逐渐成为世界各国所广泛关注的问题。

公共产品是与私人产品相对的概念。公共产品，源自英文"Public Goods"，在国内也被译作公共物品、公共商品、公共品、公共财物等，它的简单解释是"用于满足公共需要的物品或服务"。[2]从产生的历程来看，公共产品基本概念的提出可以追溯到亚当·斯密和大卫·休谟。20世纪50年代，经济学家保罗·萨缪尔森的著作《公共支出的纯理论》将其引入经济学中。60年代又被学者曼瑟尔·奥尔森通过其著作《集体行动的逻辑——公共物品与集团理论》引入政治学。伴随环境问题、发展问题、气候变化问题等被人们关注。

目前学界对公共物品的理解是将其视为符合三种特性的资源。公共产品的三种特性是：第一，获取非排他性。这种资源作为公共产品应该是任何人都能获取的，任何人不能通过对这种资源的使用来排除其他人对该资源的获取；第二，消费无竞争性，这种资源作为公共物品不会因一个人的使用而减少他人使用这种资源的可能性；还有学者提出了第三个特性——惠益普遍性。公共产品作为资源对人的生存发展惠益是普遍的，对公共物品的破坏会损害所有集体中所有成员的利

---

[1] 蔡守秋. 生态文明建设的法律和制度 [M]. 北京：中国法制出版社，2017：266.
[2] 姚从容. 公共环境物品供给的经济分析 [M]. 北京：经济科学出版社，2005：7.

益。[1] 也有学者认为，公共产品就是具有消费或使用上的非竞争性和
受益上的非排他性的产品，从而将公共产品的特性简单总结为非排他
性和非竞争性等两个方面的性质。

公共产品可以分为纯公共产品和准公共产品两类。[2] 根据公共产
品服务的地域，其还可以分为全球公共产品和国家公共产品。影响范
围超出一个国家的公共产品，如气候变化、生物多样性、海洋环境、
大气污染治理等均可以视为全球公共产品。首先，从获取的排他性看，
各国合作进行的大气污染治理、为减缓大气污染而进行的其他各种环
境治理，使得大气环境中的各种污染物浓度增加的趋势减缓，缓解了
人为因素对大气环境的不利影响。地球上生活的所有人类都可以获利，
无论其生活在地球的哪个角落，只要身处穹顶之下，都可以自由获取
且无法排除他人获取。其次，从消费的无竞争性上看，合作进行大气
环境治理的行为和成果可供全体人类消费，不存在竞争性竞价。在惠
益的普遍性上，合作进行大气环境治理，控制大气环境损害程度将给
整个人类带来惠益，而拒绝合作，任由大气环境变坏，不珍惜其他国
家在治理方面的努力则会损害包括自身在内的国际社会所有成员的利
益。公共物品是可以供社会成员共同享用的物品，本身具有非竞争性
和非排他性。地球大气稳定具有公共产品属性，这也是为什么其一直
被"过度使用"的基本原因。

公共产品的理念，也被迅速引入法学界，其对大气污染治理作为
全球公共物品进行了一定研究。从法学的视角看，公共产品的非竞争
性和非排他性都存在一定的冲突和矛盾。一方面，由于公共产品是不
可排他的，因此公共产品往往供应不足。另一方面，由于公共物品是
非竞争产品，其消费并无竞争性，因此通过排斥他人而达到鼓励其生

[1] 朱京安，宋阳.国际社会应对气候变化失败的制度原因初探：以全球公共物品为视角 [J].苏州大学
学报（哲学社会科学版），2015，36（2）：59-66，191.
[2] 环境保护是典型的纯公共产品。准公共产品亦称为"混合产品"。这类产品通常只具备上述两个特
性的一个，而另一则表现不充分。如教育、文化、电视广播、医院、公路、农林技术推广等事业单位，
其向社会提供的属于准公共产品。

产往往效率低下。在惠益的普遍性上，地球大气层能够容纳的大气污染物是有限的。这种有限容量使得大气环境既成为一种环境要素，也可以被视为一种资源。这种资源是地球上的居民、组织团体和国家皆可以获取和使用的，具有普惠性。大多数公共产品具有多重效应，这些效应中一些可能是全球性的，另一些可能是区域性或地方性的。

一、公众共用物的悲剧

古希腊哲学家亚里士多德曾指出，"凡是属于最多数人的公共事物常常是最少受人照顾的事物，人们关怀着自己的所有，而忽视公共的事物"。亚里士多德还注意到公共物品"搭便车"的问题，休谟在18世纪早期也曾提出"搭便车"的问题。休谟认为，公共产品的存在无法避免免费搭车现象的发生；如果集体中的每个成员都成为"免费搭车者"的话，最后的结果就是无人为公共产品付费。其最终会导致利用价值失去应有意义，在环境领域后果更为严重，其直接结果是环境的崩溃。美国学者盖洛特·哈丁1968年在《科学》杂志上发表了著名论文《公地的悲剧》[1]。哈丁在论文中以寓言的形式写道，曾经有一位封建主在自己的领地划出一片尚未耕种的土地作为牧场，无偿向牧民开放。这本是一件造福于民的事，但由于是无偿放牧，每个牧民都聪明地意识到，如果增加一头牛羊，由此带来的收益也会全部归自己。于是每个牧民都尽可能多地放牧牛羊。随着牛羊数量无节制地增加，该牧场逐渐"超载"，牧草很快被吃光，草根也被啃食掉了。牧场最终成了不毛之地，个体的理性导致了集体的非理性，最终出现

---

[1] 中国学者对"tragedy of the commons"有多种译法，比较常见的是"公地的悲剧"，还有"公有资源的灾难""公共所有土地的悲剧"等。著名环境资源法学者武汉大学蔡守秋教授认为，将"common"翻译为"公地""公共所有土地"并不合适，因为《中华人民共和国物权法》中的公共所有土地包括国家所有土地和集体所有土地，是排他性物权的客体。按照《牛津高阶英汉双解词典》的解释，"common"在被解释为"共有的、共同做的、共同受到的"时候，是指"两个人或更多人，或者是团体、社会的绝大多数人所享有的东西、所做的事情，或是属于他们的东西，对他们有影响的东西"。可见，英语中的"common"主要表示共用的意思，没有《中华人民共和国物权法》中公有或公共所有的意思，将"common"译成公众共用地或公众共用物更为准确。

公地的悲剧。

这块牧场无疑属于公众共用物，可为不特定多数人共用，其悲剧发生的机理是：一项资源或财产有许多拥有者，但没有权力阻止他人使用；拥有者中每一个都有使用权，从而造成作为公众共用物的资源或财产被过度使用，产生资源枯竭与环境污染和破坏。人们对公众共用物的开发、利用和管理不当，使公众共用物的质量严重降低和数量急剧减少，造成人身、财产、生态损害或阻碍经济社会文化发展，并导致个人或单位的私有利益（或专有利益）与公众的共同利益冲突，从而造成悲剧。作为不特定多数人的公众可以非排他性使用的、比较典型的公众共用物有太阳、月亮、星星、大地、天空、大气等。

大气是公众共用物[1]，而且是一种典型的、具有代表性的公众共用物。大气的权利主体是不特定的多数人，大气流动性的特点使得由不特定的多数人行使权利的形式被非排他性地、自由平等地使用。由于大气的使用具有非排他性，任何人都可以自由使用大气。人类活动向地球的大气环境排放各种污染物，超过了大气环境的容量，造成了环境空气质量的一再下降。这种自由使用带来的大气质量下降往往由于人们开发利用管理公众共用物不当而使公众共用物产生不良变化，以及产生影响公众生活质量、不利于经济社会文化发展的各种现象。这些现象的出现是对大气这一公众公用物的滥用造成的，如不能及时扭转这一局势，将会导致人类社会和公众公用物两败俱伤的"悲剧"一再出现。

每个当事者虽然都知道公众共用物过度使用会枯竭，但是每个人也都知道个人努力对减缓事态的持续恶化收益有限，甚至抱着"不捞白不捞"的心态放任事态的恶化。公众共用物的使用会产生悲剧，这种状态也被称为负外部性，或称外部成本、外部不经济，大气环境污

---

[1] 著名环境资源法学者武汉大学蔡守秋教授在我国首次提出"公众共用物"（commons）的概念，并指出"公众共用物系不特定多数人（non-specific most people）可以非排他性使用（non-exclusive use）的物（财产、环境要素和自然资源）。公众共有物的良法善治已经成为国家关注的重大问题和学界讨论的热点话题。

染具有典型的负外部性。在工业革命早期，人类从事的工业化活动所产生的大气污染物可以自由排放，由此对大气环境产生了负面影响，为了消除此类负面影响的成本未被计入排放主体的生产和交易成本，而由周围的其他主体承担，就形成了负外部性。一个主体的行为影响了周围其他主体，使之支付了额外的成本费用，但后者又无法获得相应补偿，由此出现了生产企业花费的成本与社会成本的差异。由于这种差异没有反映在生产企业的内部成本上，其慢慢积累迫使政府出面承担治理成本，从而构成了经济活动的外部成本。在传统工业向现代工业转型的过程中，在政府环境治理不足的情况下伴随负外部性影响而来的是生态环境的破坏。

上述分析表明，单纯依靠排放主体自身及市场机制已难以遏制负外部效应及其带来的生态环境破坏，需要其他机制的介入。在生态环境保护问题上，失灵的市场可以由政府进行调整，并将外化的环境保护成本内化。政府失灵也需要引入相关制度加以矫正。[1] 目前的理论和实践中，将外部成本内部化的制度和措施有四种。其一，直接管制。有关政府行政部门根据法律、法规、政策，直接规定生产主体减少或停止其产生外部不经济性的物质的种类和数量。其二，明晰所有权。明晰所有权是指国家政府明确界定环境资源的所有权，排放主体的排放活动使用了归属其他主体的环境资源，由此产生了外部不经济性就需要支付相应对价。其三，损害赔偿。外部不经济性给其他主体造成损害，则外部不经济性行为主体应当赔偿受损害方的损失。其四，收取费用。收费是市场经济条件下最常见的外部成本内部化的经济手段。缴纳排污费是排污者承担外部不经济性后果的一种方式。由政府有关行政部门直接要求排污主体停止或减少污染物的排放，效果最为直接，但是其所造成的负面影响也非常大，会影响正常的经济社会发展。在我国生态文明建设中，各地为追求生态环境效应曾在生态环境保护督

---

[1] 王曦. 当前我国环境法制建设亟需解决的三大问题 [J]. 法学评论, 2008, 26（4）: 110-115.

察执法中多次"一律关停""先停再说"等。这些做法，在目前建设生态文明的背景下，既不符合社会主义市场经济的基本要求，也违反了我国生态环境法中规定实现经济社会可持续发展的立法目的。有学者指出，产权私有化未必是防止公地悲剧的有效方法。实证研究表明，因规模经济等因素的存在，公共所有权在生态和经济上都比私人所有权更有效率。[1]但明晰所有权的举措也存在诸多难以克服的缺点。对于大气、海洋、河流等环境要素，因其流动性，难以像土地、森林等环境要素一样被明晰所有权，即便被规定为国家所有权，其如何行使也存在大量不确定性。采用收取费用的方式克服负外部性有其合理之处，但征收环境污染费的政府部门所征收的污染费往往不能保证及时授权，也未能保证所收取费用完全用于生态环境保护，对于克服负外部性的成效不彰。

大气环境是所有人类生存发展、相互交往、人与自然交往的基本条件和物质基础。环境空气质量生态补偿机制的出现，主要针对地方政府，促使其落实保护当地环境空气质量的职责，并不直接涉及企事业单位，不会对这些排放主体的经营产生直接影响。环境空气质量生态补偿机制强调参与主体所获得的经济收益只能用于保护生态环境，有助于弥补上述几种将外部成本内部化举措的不足。

二、"公众共用物的喜剧"

1986 年，耶鲁大学法学院教授卡罗尔·M. 罗斯在《芝加哥大学法律评论》上发表的《公众共享物的喜剧：习惯、商业和固有的公共财产（天生的公众财产）》，提出了"公众共享物喜剧"的概念。他认为"公众共享物不是悲剧，而是喜剧"。[2]公众共用物喜剧是指公

[1] 刘艺. 环境正义的司法治理路径探索：六枝特区人民检察院环境行政公益诉讼案评析 [J]. 中国法律评论，2019（2）：72-79.

[2] Carol Rose. The comedy of the commons: Custom, commerce, and Inherently public property[J].The University of Chicago Law Review, 1986, 53（3）：711 – 781.

众共用物满足公众和社会需要的积极作用、正面效益的集中爆发和显示这样一种场景。它主要有两种形式：一是因公众最大限度地享用公众共用物而形成的公众共用物自身效益的集中爆发和显示，这是公众皆大欢喜的一种"喜剧场景"。二是因公众共用物的存在而使邻近区域的经济效益、社会效益大幅度提高或繁荣的现象的集中爆发和显示，这是公众共用的邻趋效应而形成的一种喜剧场景。[1]

大气作为公众共用物的喜剧效应也非常明显。由于大气环境保护得力，各自制度运行良好，环境空气质量的改善和保持使得生活在该区域的民众受到大气污染物的负面影响减少，民众的幸福感增加。同时，该地区环境空气质量的提升和改善，因其开放性、清洁性、舒适性、共享性、非排他性和免费享用性等深受公众喜爱的特色，直接吸引许多外地居民和游客，使其对其他地区民众的吸引力大增，形成了公众皆大欢喜的场景。该区域的人流量增加、人气骤增间接来看会促进商业繁荣、地价上升、经济效益大幅提高的喜剧场景。

公众共用物的喜剧其实质就是增加正外部性。简而言之，"正外部性是指某个经济行为主体的活动使他人或社会受益，而受益者又无须付出代价"。某些产品对周围事物带来了良好影响，并使周围人获得利益，但是行为人并未从周围取得额外利益。如植树造林吸收大气污染物，增加氧气排放可以改善当地生态环境，而且其溢出效应也会使得周边地区获得生态环境利益。从环境法的视角分析，环境利益具有整体性、共享性、普惠性特点，正外部性意味着行为主体在大气污染治理的活动中产生的环境利益并非其全部享用，而周边地区可以无偿享用该环境利益，在正外部性的情况下，就会产生生态环境利益外溢，因此存在周边地区对生态保护行为的补偿问题。在大气环境保护领域往往存在大量的"搭便车"行为，引入生态补偿机制就显得尤为重要。如果行动主体的正外部性行为长期得不到补偿，"搭便车"现

---

[1]　蔡守秋．公众共用物的治理模式 [J]．现代法学，2017，39（3）：3-11．

象会大量存在，必然导致行为主体对环境公共物品供给的动力严重不足，甚至因停止供给产生"悲剧"。

环境法应该重视日益凸显的正外部性问题，通过创设各种激励机制、补偿机制，改变管理者、生产者、消费者的行为方向。

由于公众共用物所具有的公益性、生态性、对人的极端重要性以及可持续发展社会目标的要求，还原公众共用物作为环境和生态系统有机组成部分的本质属性，并对其进行整体保护、平衡管理就显得格外重要。[1] 各种制度的出现、发展、完善等是公众共用物避免悲剧、成为喜剧的关键。大气是典型的公众共用物，而环境空气质量生态补偿法律机制就是确保大气这一重要的公众共用物不致成为悲剧，有望成为喜剧的重要制度依托之一。

为了防止悲剧发生，追求喜剧效应，对公众共用物进行综合治理是必由之路。没有生态补偿，各地方的环境质量改善或恶化的外部环境成本往往很难或根本不能体现到其自身的经济社会发展成本中。强化公众共用物的综合治理，我国应积极推动包括生态保护补偿和生态损害补偿的综合性生态补偿机制。省级及省级以下地方政府的事权范围则是提供地方性公共产品和区域性公共产品，环境保护是其中的典型代表。换言之，绝大多数环境保护工作属于地方事务，应由地方政府负责；跨区域、综合性的环境保护事务，则由高一级政府负责。这是环境保护先进国家的基本经验。[2]

[1] 蔡守秋，鲁冰清.析法国行政法中的公产与公众共用物 [J].宁夏社会科学，2015（6）：37-42.
[2] 陈海嵩.解释论视角下的环境法研究 [M].北京：法律出版社，2016：124.

第三章　环境空气质量生态补偿法律机制的原则

　　作为一种全新的法律机制，环境空气质量生态补偿机制的出现是一种制度创新。该机制的出现既没有国外类似制度以资借鉴，也没有国内成熟完整的经验和做法可供参照。可以说此前没有现存的明确制度和规则，也没有先例可循，在这种情况下，原则的重要性就凸显了。其存在可以弥补规则缺失的不足，也可以确保机制未来的发展方向。

　　《中华人民共和国环境保护法》自 1989 年颁布和实施以来，已经经过了多次修改。新《中华人民共和国环境保护法》中规定的环境保护的基本原则有所调整，仍然包括损害担责、保护优先、预防为主等。新修订的《中华人民共和国大气污染防治法》在新《中华人民共和国环境保护法》的影响下，将原则规定为"坚持源头治理、转变经济增长方式、调整能源结构"等方面内容。在生态补偿方面，2006 年的第六次全国环境保护大会明确要求，"按照谁开发谁保护、谁破坏谁恢复、谁受益谁补偿、谁排污谁付费的原则，完善生态补偿政策，建立生态补偿机制"。之后颁布的《中华人民共和国国民经济和社会发展第十一个五年规划纲要》完全接受全国环境保护大会的提法，将上述内容修改、简化后写入规划纲要。随后，环境保护总局于 2007 年印发的《关于开展生态补偿试点工作的指导意见》，也认同"十一五"规划纲要的提法，将上述规定作为原则写入指导意见。2016 年，国务院办公厅《关于健全生态保护补偿机制的意见》对生态补偿指导原则在前述规定的基础上进行了调整，用"权责统一合理补偿"取代了此前的"受益补偿排污付费"式的表述，增加了"政府主导社会参与、统筹兼顾转型发展"等原则。这些关于生态补偿制度的原则对加深对生态补偿制度的认识、了解生态补偿制度的发展过程有一定价值，但也存在一定问题，如范围较宽、与一般生态环境保护活动界定不清、生态补偿特点不明等，总体上看与对生态补偿的界定存在的问题类似。2021年9月中共中央办公厅、国务院办公厅印发的《关于深化生态保护补偿制度改革的意见》则列出了系统推进政策协同、政府主导各方参与、强化激励硬化约束三项指导原则。

随着生态文明建设的推进和全社会生态意识的提升，像保护眼睛、对待生命一样保护和对待生态环境、青山绿水和蓝天白云是"金山银山"等认识已经成为共识。我们对生态补偿理论认识的加深和实践经验的积累，使得我们对环境空气质量生态补偿法律机制能够按照《中华人民共和国环境保护法》的总体特征，突出大气环境保护特点，体现生态补偿要求确定环境空气质量生态补偿法律机制的法律原则。这些原则应当包括：谁保护谁受益谁污染谁付费原则、政府主导市场补充原则、经济社会生态统筹兼顾原则等。

第一节　谁保护谁受益谁污染谁付费原则

谁保护谁受益谁污染谁付费原则是环境空气质量生态补偿法律机制的首要原则，突出体现了空气质量生态补偿的特点，构成了其具体制度和规则制定的基础，在目前出现的几个环境空气质量生态补偿法律机制中得到了广泛运用。该原则的适用有利于将各地的大气污染治理或排污活动产生的外部收益或外部成本内部化，通过明确保护者和污染者的权利义务，促使其将收益和成本"内化"到各地自身的经济社会发展成本中。该原则引入经济学上的外部性理论，用来指导环境空气质量生态补偿法律机制中的各主体行动，主张污染者通过付费将负外部性内化，而保护者则可以借助机制从自身产生的正外部性受益。用法言法语来解读，其可以统称为保护者受益和污染者付费原则或简称为环境责任原则或环境公平原则。

在相当长的一段时间内，因为生态环境利益难以固化的性质，我国缺乏应有的法律机制让保护者保护生态环境的行为获得应有的补偿；而造成生态环境破坏的主体只要没有对具体主体的财产及人身造成直接的损害，也很难被要求提供补偿。这种利益分配方式和责任追究方式不能帮助生态环境保护者获得其自身产生的必要外部收益，却有利于破坏者将损害生态环境的成本外部化，既损害了公众保护生态环境的积极性，也不利于强化对生态环境的保护。环境空气质量生态补偿法律机制提出的这一原则，强调了对上述两种行为引起的后果进行补偿，有利于实现环境公平。

一、谁保护谁受益

谁保护谁受益的规定，体现了对生态保护的重视并指明了加强生态保护的方式。生态保护是指国家和社会为使特定区域生态环境免遭人类活动不利影响，避免区域内生物有机体之间及其与外界环境之间的有机联系遭到破坏而采取的保护措施。[1] 广义上的生态保护包括国家和社会所采取的生态保护、恢复与建设等一切措施。因此，也有学者认为，所谓生态保护是人类对自然有意识的保护，是以生态科学为指导，遵循生态规律对生态环境的保护对策及措施。[2] 我们在推动生态保护补偿法律机制建立健全时所提出的生态保护，不只限于自然保护区、风景名胜区、森林公园、城市和乡村的生态环境等特定区域，也包括国家和社会所采取的生态保护、恢复与建设等一切措施。

---

[1] 黄锡生，史玉成.环境与资源保护法学 [M].4 版.重庆：重庆大学出版社，2015：238.

[2] 孔繁德.生态保护概论 [M]. 北京：中国环境科学出版社，2001：11–12.

目前，我国的生态环境虽然得到了一定改善，但仍然存在许多未解决的环境难题。在这样的严峻形势下，国家、社会和个人需要采取各种措施来推动生态保护。我国的环境保护法律法规对一切单位和个人，强调的是环境保护方面的义务，也积极鼓励单位和个人进行环境保护。《中华人民共和国环境保护法》经过多次修订，由政府对在保护和改善环境方面有显著成就的单位和个人进行奖励的规定一直没有改变，还呈现出逐渐加强的趋势。这些规定虽然没有直接涉及生态保护，但是我国对生态与环境常常不加区分地被使用，生态保护与环境保护密切相关，广义的生态保护与环境保护有很多重叠部分，难以对二者做出精确区分，其经常被一起使用。在生态环境保护的重要性越发显著的趋势下，对推动生态保护的单位和个人进行激励显然是上述法律规定的应有之义。新环保法修订后，还直接、明确地提到生态保护补偿，首次将建立健全生态补偿写进了环境保护基本法，该条规定还进一步指出，要加大对保护地区的财政支持力度，鼓励保护地区与受益地区通过各种方式进行生态补偿合作。这些规定中明确地提到，要让生态保护地区获益，主要是指获得经济利益。这些经济利益既可以来自纵向的国家财政转移支付，也可以来自生态受益地区横向提供的地方财政资金和民间资金。

从激励保护生态补偿行为的角度出发，我们就需要让生态环境的保护者真正受益。这种受益不仅仅是精神上的或者各种经济利益，也应当包括自身产出的生态利益。长期以来，由于生态环境的特殊性，生态环境的保护者难以从自身的保护行为中获益，难以获取经济利益特别是生态利益。此前，国家出台了一些行政规定和办法，对在野生生物保护、自然保护区和风景名胜区等保护地的保护和管理，水土保护、防沙治沙等生态保护活动中做出贡献的单位和个人给予一定的物质或精神上的奖励。如国家林业局 2005 年颁发的《国家林业局表彰和奖励工作规定（试行）》、2007 年环境保护部发布的《环境保护科学技术奖励办法》中，都有对生态保护中做出贡献的单位、个人进行奖励的规定。这些规定和办法涉及的奖励主要是精神上的，也存在物质上的。这些奖励既可以由获奖单位和个人进行支配，也可以用于生态保护活动。

二、谁污染谁付费

该规定体现了对生态补偿中生态损害补偿的要求。谁污染谁付费原则来自环境法上著名的"污染者负担原则"。不可否认，环境污染会直接或间接地造成财产损失、人身损害以及各种生态环境损害。各国的环境保护立法都在一定程度上规定了相关主体的民事、行政和刑事责任。然而，这些生态环境责任从范围上看是局部的，主体上也是有限的。往往偏重对企业或个体排放责任的追究，对区域性的整体生态环境退化缺乏有效的法律手段。

随着人类社会的发展，各种生态环境负面影响逐渐积累，造成的环境破坏日益扩大，只靠生态环境自身的自净能力和国家采取一定保护措施已经完全无法应对。在日趋严重的生态环境问题和沸腾的民怨面前，政府被迫介入，投入大量的人力、物力和财力进行污染治理和生态环境保护。但是，政府过多的投入，把本该由污染者承担的经济责任承担下来，实质上是全体国民承担少数污染者应当承担的责任。这种做法既不合理也不利于生态环境保护的深入推进。学界认为，必须将治理环境的外部费用内部化。20世纪70年代初，由发达国家组成的经济合作与发展组织（OECD）首次提出"污染者负担原则"，试图在发达国家内部率先解决环境污染造成的各种损失由谁承担的问题。该原则明确要求由污染者而不是政府承担因环境污染而出现的各种经济责任，有利于促进环境资源的合理利用，克服环境保护问题上的负外部性，以防止并减轻各种整体性的生态环境损害，实现社会公平。污染者付费原则提出之后，率先在经合组织成员国中得到实施，后逐渐为国际社会所认可，被绝大多数国家确定为环境法的基本原则。

我国在环境立法当中曾对污染者负担原则有所体现。如 1979 年的《中华人民共和国环境保护法（试行）》、1989 年《中华人民共和国环境保护法》都曾经有过相关规定。[1] 这些规定的内容比较简单，对涉及的责任约束力不够，"谁污染谁付费"原则的彻底贯彻还有一定差距。生态环境的污染者因为排放环境污染物造成的人身和财产损失需要进行赔偿，但并非所有污染排放造成的损失都可以获得赔偿。这里既存在因果关系上的不确定性，也有行政机关执法时的主观和客观方面的漏洞，还有那些未能达到法律规定标准的污染物排放的逐渐累积产生的叠加效应等，均可能造成整体性的生态环境质量下降。在这种情况下，要求政府尤其是要求负责当地生态环境的地方政府来承担一定补偿责任就成了可行的选择。

三、原则的适用

如前所述，本书对生态补偿的界定采用的是广义上的定义。这个定义正确地指出，生态补偿既有约束性也有激励性；既是一种经济手段，也是一种法律制度，生态补偿机制建立的目的是确保环境使用权的公平性。目前关于生态补偿的大量实践在一定程度上印证了上述界定，但是主要表现为增进生态利益供给、促进生态环境保护地区获得激励性质的补偿。在我国当前的法律制度中，关于生态环境使用权的行使的规定，相对完整和完善的主要是各种侵权责任法律制度，可以保障个人、集体人身和财产等权利因生态环境损害获得公平的经济赔偿。但对那些没有达到刑事责任标准、行政处罚标准或民事生态损害赔偿标准，又消费生态利益供给、破坏生态环境保护的法律主体并没

---

[1] 《中华人民共和国环境保护法（试行）》规定，"已经对环境造成污染和其他公害的单位，应当按照谁污染谁治理的原则，制定规划，积极治理，或者报请主管部门批准转产、搬迁"。1989 年《中华人民共和国环境保护法》规定，"产生环境污染和其他公害的单位，必须采取有效措施防治在生产建设或者其他活动中产生的对环境的污染和危害"。

有约束性的补偿要求。在生态利益方面，过度行使环境使用权、侵害生态利益的事件大量出现，无法依据相应的制度、规则进行应对；保护生态环境、促进生态利益产出的行为也无法获得有效激励，在环境使用权的行使上出现了大量不公平现象。有识之士一直呼吁应尽快大范围地推行生态补偿法律机制，以经济为主要调节手段，对生态环境的破坏者予"罚"，对生态环境保护者予"奖"，维护环境使用权的公平性。通过法律机制的构建，填补现有生态环境责任体系的不足，达到保护生态环境、促进生态可持续发展、满足人民美好环境生活需要的目的。环境空气质量生态补偿法律机制的出现克服了环境空气质量保护领域存在的不足，既有激励性补偿，也有惩罚性措施，更有利于实现环境使用权行使的公平性。

环境空气质量生态补偿法律机制对环境空气生态利益的产生和损耗进行重新分配。建立社会经济发展和大气生态环境保护之间的矛盾协调机制，充当"蓝天白云""青山绿水"的保护者与"金山银山"的受益者之间的利益调节器，以更好地实现环境使用权的公平。目前环境空气质量生态补偿法律机制在部分地区的实践表明，环境空气质量同比改善了的地区，可以根据改善的幅度从上级财政拿到一定数量的生态补偿金，用于本地区的生态环境建设，促使生态保护行为的经济性实现外部化；环境空气质量同比恶化了的地区，要根据恶化的程度向上级财政交纳一定数量的生态补偿金，本地经济建设项目的审批也会受到影响，推动生态损害行为的不经济性实现内部化。对生态环境保护者予"奖"，对生态环境的破坏者予"罚"，激励和惩罚并举，以不同的方式行使环境使用权的主体得到相应后果，体现了公平的价值追求。

现有的环境空气质量生态补偿法律机制在省市两级层面运行，生态保护地区获得补偿资金，生态获益地区提供补偿资金，支持和约束的力度有限。若能上升到国家层面，由国家财政对此进行运作，其支持和约束的力度将会更大。今后还可引入市场、社会力量，建立横向的环境空气质量生态补偿机制，效果会更加明显，更充分地体现谁保护谁受益，谁污染谁补偿的原则。

第二节　政府主导市场补充原则

一、政府主导市场补充原则的含义

提供公共产品是政府公认的基本职责之一，而良好的生态环境也是公共物品。对生态环境进行管理，是国家政府的权力也是职责。在环境空气质量生态补偿法律机制中，政府扮演着至关重要的角色与政府在生态环境中起到的作用有关。概括地说，"政府直控"与"危机应对"构成了我国"政府动员型环境政策"的核心特点。[1] 在环境空气质量生态补偿法律机制中，政府"当仁不让"地成了主体，而且目前是唯一的主体。

在大气污染治理过程中，应该从全局着眼，优先发挥政府的调控作用，以凸显群体理性，维护共同利益。对此，《中华人民共和国环境保护法》《中华人民共和国大气污染防治法》对地方政府的作用有非常清楚的规定，明确要求我国的地方县级以上政府应当对其行政区域内的环境质量负责任。其主要目的在各级政府应当加大财政的投入力度，强化行政执法的力度，推动各自行政区域内保护改善生态环境、防治污染和其他公害的活动。新修订的《中华人民共和国环境保护法》首次引进生态保护补偿时，也规定了地方政府在生态保护补偿中的作用，明确要求国家加大对生态保护地区政府的财政转移支付力度、国家指导不同地区人民政府进行生态补偿谈判和合作，第三十一条涉及

---

[1]　荀丽丽，包智明.政府动员型环境政策及其地方实践：关于内蒙古S旗生态移民的社会学分析[J].中国社会科学，2007（5）：114-128，207.

的主体都是代表国家的中央政府以及受益地区和生态保护地区的地方
政府。这表明了各级政府在我国生态补偿中起着"明示"的首要作用，
以及"默示"的引领作用。按照法律规定，各级政府应当对其行政区
域内的环境空气质量负责，有法律义务大力改善辖区内的环境空气质
量。生态补偿是保护和改善生态环境的重要方式，政府也自然应当对
此加大财政投入力度。政府也可以成为空气质量生态补偿法律机制的
重要主体。目前出现的空气质量生态补偿的地方规章中的相关条款，
与新修订的《中华人民共和国环境保护法》的规定和精神相符合。从
环境空气质量生态补偿的性质上看，以规章、法规等形式建立的生态
补偿制度属于行政补偿，其是以抽象行政行为设立的补偿。以行政合
同、行政给付等形式出现的政府间生态补偿的行政行为，在跨区域流
域横向生态补偿方面已经出现，这种具体行政行为设立的补偿在环境
空气质量生态补偿领域还未进行具体实施。在环境空气质量生态补偿
法律机制中，政府扮演着至关重要的角色也与大气环境自身高度的流
动性特点有关。随着横向生态补偿理论和实践的发展，我们也可以展
望政府间的环境空气质量横向生态补偿将会出现新的突破。

二、政府主导市场补充原则辨析

政府主导市场补充原则成为环境空气质量生态补偿法律机制的原
则与大气环境的特定属性有关。因为大气环境是公共物品，由政府进
行主导管控更符合这一基本特征。环境要素不同于一般私人物品，它
在消费上不具有排他性，不是你用了我就不能再用，而是它存在，你
可以消费，我也可以消费。[1] 相比之下，大气环境的这一特点尤为突
出。大气具有超流动性、不可分割等特点，其所有权难以像土地、河
流那样明确界定；同时，大气环境流动范围广的特点，又使其使用具
有任意性。现实中某些单位和个人向空气中排污得到的经济收益远大

---

[1]　刘军宁，等. 市场逻辑与国家观念 [M]. 北京：生活·读书·新知三联书店，1995：10.

于因大气污染而分摊的成本；从事大气环境保护的单位和个人也难以从限制自身保护环境的活动中直接受益。经济学中的"经济人"假说认为个人使得个体利益的最大化是理性的。当市场主体面对大气环境这一公共物品时，人人都只想从中获得最大收益而不想承担相应的成本。当使用者较少而公共品较多时是可行的，但是当使用者越来越多而公共产品数量有限时，其结果就是公共物品质量的损坏，可以称为个体理性导致群体无理性。多方利益主体都希望用尽量小的代价甚至免费享受他人治理大气环境带来的效用，而不愿自己付出代价进行大气环境治理，特别是治理主体无法有效控制治理的成果而很容易被其他主体无偿使用。大气环境的这种特性会引起需求和供给无法自动通过市场机制相互适应的问题，产生普遍的"搭便车"的现象，导致"公地悲剧"的出现。这就导致了市场资源配置手段失灵，大气污染治理的效率低下。需要市场调节之外的政府参与其中，通过政府公权力的强势介入，不再纠缠于权属不清的状态而直接进行规制。

综合性和累积性是大气污染的两个密切相关的特征。大气污染物一般是低浓度、长时间存在的，也可能是多种污染物综合对生态环境产生影响。其危害范围广泛，既可能作用于人类和其他生物体，也可能对自然环境和生态系统造成破坏。大气环境是人类和其他生物生产、生活的基础，其本身是一个完整的生态系统。污染物在大气中聚集，不仅仅影响到区域内人群的生产和生活，还可能破坏大气生态系统的平衡，甚至影响整个地球生态系统。如果作为市场主体的企业和个人承担如此长期、广泛的责任，必然对这些市场主体造成沉重的负担，这对其正常经营非常不利。

三、政府主导市场补充原则的适用

在环境空气质量生态补偿法律机制中，政府目前主要通过公共财政来发挥在环境空气生态补偿上的主导作用。大气污染治理的法律法规和国务院颁布的《大气污染防治行动计划》要求政府运用好财政在治理生态环境污染中的作用。这些规定也成了许多地方政府制定规章制度，将生态补偿机制直接引入环境空气质量治理领域的直接依据之一。现有的环境空气质量生态补偿法律机制体现了政府运用公共财政所发挥的主导作用。现有的环境空气质量生态补偿政府规章的基本模式均认定，如果某行政区域的环境空气质量相比以往同期有所改善，会对全省及其他地区环境空气质量的改善产生正面贡献，这对全省及其他地区而言属于外部正效应，根据环境空气质量生态补偿的相关办法，其可以按照改善的幅度从省财政获得补偿金。如某地的空气质量相比以往同期有所恶化，对于全省及其他地区而言属于外部负效应，对全省及其他地区环境空气质量的改善产生负贡献，根据环境空气质量生态补偿办法的相关规定，根据恶化的幅度决定如何向省财政交纳补偿金。正是通过充分发挥公共财政资金的引导作用，上级政府才能充分调动下级政府在治理大气污染、保护环境空气质量中的积极性和主动性。

此外，政府根据修改后的《中华人民共和国环境保护法》《中华人民共和国大气污染防治法》和国务院《大气污染防治行动计划》的规定和要求，开始建立和健全新的目标责任考核体系。该目标责任考核体系的核心由以往的污染物总量控制改为环境质量的改善。这一改进将大气污染治理的目标从间接的污染物总量控制改为直接的环境质量改善，对于各级政府治理大气污染提出了更高的要求。这一变化也表现在与下级政府签订大气污染防治目标责任书中，将目标任务层层分解落实到县级以上地方人民政府和企业。

"中央决策—地方执行"已经成了当前我国大气环境治理式。这一统筹治理模式主要体现在政府间，中央和地方各级政府部门与环保组织、企业、个人等环境主体的关系尚未形成协同合作的链条。单纯的对上负责通道催生了地方政府为应付上级检查，操纵环保统计数据、回避民众诉求等诸多弊病。[1] 从发达国家的经验来看，大气环境治理成效显著的市场导向型环境政策已然来临，具有较强的政治和经济上的可行性和可接受性。[2] 排污权交易、"污染企业付费、专业化治理"的第三方治理模式、生态服务付费等作为典型的环境污染治理市场机制，目前在我国还发育不完善，尚处于初步阶段。

政府管制和市场调节机制在解决大气污染问题时各有其优缺点。长远地看，我们无法通过某种单一方式解决所有的大气污染问题，应将政府管制和市场调节相结合。我国《大气污染防治行动计划》提出，加快形成政府统领、市场驱动、公众参与的大气污染防治新机制。《关于深化生态保护补偿制度改革的意见》则要求逐步完善政府有力主导、社会有序参与、市场有效调节的生态保护补偿体制机制。环境空气质量生态补偿法律机制作为大气污染治理的新机制也应遵循上述要求，但本书认为，机制的建构过程中，鉴于环境空气质量生态补偿的复杂性，作为一个全新的法律机制，在其初创阶段化繁为简、由浅入深，可以减少风险，加快制度的建构。由政府来充当环境空气质量生态补偿法律机制目前的首要主体，既是政府的职责所在，也是一种现实的选择。待环境空气质量生态补偿机制运行一定时间之后，通过制度建设和完善，取得相应的经验之后，亦可拓宽补偿渠道，积极引导市场力量参与。

第三节　经济社会生态统筹兼顾原则

自生态文明被正式写入党的十七大报告，生态环境保护在我国受到空前重视，面临重要的战略机遇。同时，我国虽然经历了多年经济高速发展，但是工业化、城镇化、农业现代化的任务尚未完全实现。

---

[1]　冉冉."压力型体制"下的政治激励与地方环境治理 [J]. 经济社会体制比较，2013（3）：111-118.

[2]　保罗·R.伯特尼，罗伯特·N.史蒂文斯. 环境保护的公共政策 [M].2 版 . 穆贤清，方志伟，译. 上海：上海人民出版社，2004：82.

伴随我国经济进入"调结构稳增长"的新常态，下行压力的逐渐加大，经济社会发展与生态环境保护的矛盾越发突出。生态环境质量逐年改善和经济社会的稳步发展均成了区域发展的约束性要求，是各项考核的"硬杠杠"。在这样新的复杂局面下，我们仍然需要重视统筹兼顾。

一、经济社会生态统筹兼顾原则的含义

统筹兼顾是马克思主义唯物辩证法的根本性方法论，是马克思主义中国化的一个重要思维方法，也是生态文明建设重要的指导原则。一方面，在认识世界和改造世界的过程中，需要以统筹兼顾来处理好整体与部分的各种关系，统筹就是要抓住整体对部分的制约，要有全局性的视野，防止迷失方向。另一方面，兼顾就是要看到部分对整体的影响，要照顾到方方面面，避免孤军作战。[1] 经济社会生态统筹兼顾原则意指在空气质量生态补偿法律机制中，需要对经济建设、社会建设与生态环境建设进行通盘考虑，以实现社会效益、经济利益和生态利益的协调统一。环境保护法对生态环境保护、经济社会发展和人民群众的需要之间的关系非常重视，如韩德培先生将之表述为"环境保护同经济社会发展相协调原则"、蔡守秋先生称其为"经济、社会与环境协调发展的原则"、陈德敏先生将其表述为"协调发展原则"、周珂先生将之表述为"生态环境与经济社会可持续发展协调原则"等。学界多位著名学者将其列为我国环境资源法立法的基本原则，陈德敏教授甚至将其列为环境资源立法的首要基本原则。[2] 具体到环境空气质量生态补偿这一领域，本书认为结合我国环境保护法的新发展和生态补偿立法的新动向，协调发展原则可以具体表述为经济社会生态统筹兼顾原则。

生态环境保护与经济社会发展是对立统一关系，二者既相互制约

---

[1]　张云飞.统筹兼顾：生态文明建设的战略思维 [J].理论学刊，2012（4）:85-89，128.

[2]　陈德敏.环境与资源保护法 [M].武汉：武汉大学出版社，2011: 56.

也可以相互促进。早在 20 世纪 90 年代，里约环境与发展大会通过的《关于环境与发展的里约宣言》就明确地指出，"和平、发展和保护是相互依存和不可分割的"。此处的发展可以理解为经济社会发展，保护可以视为生态环境保护。生态环境是人类必不可少的生活条件和生产要素，构成了经济社会发展的物质基础和必要因素。保护生态环境，就为经济社会发展保留了生产要素和生活条件，从而保护了经济社会发展的物质基础和必备条件。如果生态环境受到破坏，丧失了基础和必备条件的经济社会发展也将成为无本之木、无源之水。经济社会发展对保护生态环境也具有不可或缺的影响。人类社会的各种生态环境问题都是在人类自身的发展过程中出现的，也只有通过发展才能逐渐解决。经济社会是不断发展的，其提供的必要技术、资金和知识，才能从根本上解决困扰人类社会的生态环境问题。因此，我们不能不顾生态环境的承受能力和容量盲目追求经济社会的发展，也不能离开经济社会发展空谈生态环境保护，我们需要追求二者的统筹，兼顾二者的需要。

如果违背经济社会发展的客观规律和生态环境的内在要求，采取不可持续的生产方式和生活方式不合理地开发利用生态环境，虽然可能暂时性地获得经济社会发展的短期成果，但是以浪费、污染、破坏生态环境为代价的发展是空中楼阁，不可持续。人类历史上许多国家和地区都已经出现过这样的惨痛教训，值得我们铭记。该原则要求兼顾各种利益，特别是经济利益、社会利益和生态利益。在目前的市场经济条件下，各种市场主体通过市场机制开发生态环境实现自身利益的最大化。各种市场主体的经济社会和生态环境相关的活动，归根到底都是为了实现自身相关权益。协调生态环境保护与经济社会发展，实质上是对经济利益、社会利益、生态利益和环境利益的协调，以便尽可能地保持和维护最佳的综合性利益。当经济利益与生态利益发生冲突时，最好的方式不是放弃经济利益的获取，而是尽量增加生态利益的供给。[1] 无论是从经济、社会、生态、环境各自的视角，还是从人类生存发展的宏观视野，片面强调某些方面的发展或者追求某些方面的利益都是不适当的，应当在这些发展要求和利益诉求当中统筹兼顾。

二、经济社会生态统筹兼顾原则的辨析

经济社会生态统筹兼顾原则体现了可持续发展理念的要求，其内涵是符合可持续发展理念要求的。可持续发展理念自世界环境与发展委员会在 1987 年《我们共同的未来》报告中提出后，已经获得了全世界的广泛认可和接受。可持续发展包括两个重要概念："需要"的概念，尤其是世界上贫困人民的基本需要，应将此放在特别优先的位置来考虑；"限制"的概念，技术状况和社会组织对环境满足眼前和将来需要的能力施加的限制。[2] 从这两个概念出发我们可以看出，可持续发展理念是一种新的发展观，要求经济社会发展要以生态环境和自然资源为基础，通过环境资源承载能力相协调，生态环境的价值要得到体现。既追求当代人的利益，也要兼顾后代人的利益，实现利益的可持续。这并不是对当代人追求经济增长意愿的否定，而是强调对当代人追求经济利益进行必要的约束，以实现经济社会发展与生态环境保护的协调与统一。

经济社会生态统筹兼顾原则也符合绿色发展的要求。从某种意义上讲，绿色发展观是新型的可持续发展观，"绿色发展强调经济系统、社会系统与自然系统的共生性和发展目标的多元化"。[3] 绿色发展的理念不应仅仅体现在末端的污染治理，还强调经济、社会系统的发展

[1]　韩卫平，黄锡生．利益视角下的生态补偿立法 [J]．理论探索，2014（1）：125-128．
[2]　世界环境与发展委员会．我们共同的未来 [M]．王之佳，柯金良，等译．长春：吉林人民出版社，1997：52．
[3]　胡鞍钢，周绍杰．绿色发展：功能界定、机制分析与发展战略 [J]．中国人口·资源与环境，2014，24（1）：14-20．

与生态系统保护的统一。更为重要的是，绿色发展突破了传统发展观以人类中心主义为导向的不足，不仅仅是修正人类对自然的控制方式，而且改变了人类与环境主客体二分的做法，进一步将人类与环境融合。在绿色发展原则指导下，正确处理经济社会发展同生态环境保护关系也是其应有之义。在发展的目标上，绿色发展在经济发展、社会发展基础上增加了改善、发展人民群众的生存环境的根本目标，促进体现公共利益的生态利益的提供。

三、经济社会生态统筹兼顾原则的适用

经济社会生态统筹兼顾原则在我国的适用可以追溯到"三同时制度"。受斯德哥尔摩联合国人类环境会议的影响，我国在 20 世纪 70 年代就于国务院批转的《国家计委、国家建委关于官厅水库污染情况和解决意见的报告》中第一次提出了工厂建设和"废气、废水、废渣"的利用工程要"三同时"（同时设计、同时施工、同时投产）的要求。此要求于 1979 年第一次写入我国的环境保护基本法——《中华人民共和国环境保护法 (试行) 》。[1] 该规定为历次环境保护法修订所继承，新修订的《中华人民共和国环境保护法》第四十一条也将修改后的"三同时"制度继续写入。此外，在"三同时"制度基础上还出现了"三同步"制度。在 1983 年的第二次全国环境保护会议上，我国确立环境保护为基本国策，制定了经济、社会和环境建设要"同步规划、同步实施、同步发展"，争取实现"经济效益、社会效益、环境效益相统一"的指导方针。1996 年第四次全国环境保护会议还在"三同时""三同步""三效益"基础上进一步引入可持续发展战略目标。

上述被称为"三同时""三同步""三效益"的这些规定、制度，

---

[1] 《中华人民共和国环境保护法 (试行) 》第六条规定"在进行新建、改建和扩建工程时，必须提出对环境影响的报告书，经环境保护部门和其他有关部门审查批准后才能进行设计；其中防止污染和其他公害的设施，必须与主体工程同时设计、同时施工、同时投产；各项有害物质的排放必须遵守国家规定的标准"。

还在多个重要的环境保护会议和法律法规当中出现，类似的规定也在历届国家环境保护会议、历来政策文件和法律法规中多次出现。这些规定和制度的实质性内核就是要推动经济社会发展和生态环境保护实现统筹兼顾。在改革开放初期，我国以经济建设为中心，大力发展经济，实现了工业产值的持续高速增长，但对生态环境保护未能足够重视，在一定程度上背离了统筹兼顾的精神。我国生态环境的恶化带来了严重的负面影响，时刻提醒我们着眼于发展的系统性和全面性，注重整体部署。同时以重大问题的解决为导向，通过抓住主要矛盾，推动全局工作的全面进步。现阶段，我们突出生态文明建设的重要性，在具体实施上突出生态建设，也包含经济建设和社会建设，内容上强调保护生态利益也不忘经济利益和社会利益，目标上体现物质文明、社会文明和生态文明建设的共同要求。

在大气环境保护方面，统筹兼顾原则主要表现为综合治理大气环境。大气是地球自然环境的重要组成部分，也是地球自然环境中最为活跃的因素。以 PM2.5 防控为重点，深化大气污染防治是近期我国环境保护工作的三项重点之一。[1] 新修订的《中华人民共和国大气污染防治法》在多个条款中多次强调防治大气污染应当加强综合治理。目前，中国治理城市大气污染问题运用较多的治理手段多为传统的"命令－控制"式，对经济手段、市场工具等运用不足，综合运用行政、经济、法律、生态手段治理大气污染的能力有待提升。如前所述，环境空气质量生态补偿法律机制是综合运用法律、行政、经济、技术、生态等手段防治大气污染，是改善环境空气质量的努力中新出现的一种方式，这种方式在目前看来还在中央政府规定的防治大气污染的总体目标之下，各级政府可以为治理大气污染进行的制度创新。

在没有创建环境空气质量生态补偿法律机制的地区，大气污染的治理主要是通过按照《中华人民共和国环境保护法》《中华人民共和

---

[1]　周生贤.深化大气污染防治，大力推进生态文明建设[N].中国能源报，2013-07-29.

国大气污染防治法》的相关规定由国务院颁布的《大气污染防治行动计划》中所列举的十种方式和措施来进行的。[1]这些措施虽然也涉及环境行政、技术、经济、法律责任等多个方面，并出现在同一部文件当中，但措施之间缺乏有效的约束和激励机制进行整合，本身仍然是各自为政，没有形成有机联系，存在各自适用、整体性不足的问题。在《大气十条》的基础上，作为激励和惩罚并举、综合运用经济杠杆、技术措施、行政责任等进行环境治理和生态保护的生态补偿机制，环境空气质量生态补偿法律机制作为一个有机的整体出现，使得现有的大气污染治理手段和措施在机制的统领下更为丰富和有效。在这一制度的运行实践当中，地方政府根据新的《中华人民共和国环境保护法》《中华人民共和国大气污染防治法》的直接规定，落实国务院《大气污染防治行动计划》中规定的治理目标，以政府规章的形式制定出具体的环境空气质量生态补偿办法。办法以公共财政为手段，以监测制度、信息公开制度、约谈制度等现有生态环境保护制度为依托，对区域环境空气质量下降的地方政府进行约束，对区域环境空气质量提升的地方政府进行激励，并将所涉及的财政资金严格限定于生态环境保护领域使用。这一综合了法律、行政、经济、生态的环境空气质量保护机制在实践运行中也取得了良好的效果。环境空气质量生态补偿法律机制的出现，丰富了我国大气污染治理的手段，体现了综合治理大气污染的要求。

统筹兼顾原则也是我国建立健全生态补偿制度的过程中逐渐形成的一个原则。一般认为，我国的生态补偿制度正式出现于 2006 年。当年的《中华人民共和国国民经济和社会发展第十一个五年规划纲要》中首次提到了生态补偿机制，规划要求按照谁开发谁保护、谁受益谁

---

[1] 为实现国务院确定大气污染治理目标，《大气污染防治行动计划》确定了十项具体措施：一是加大综合治理力度，减少多污染物排放。二是调整优化产业结构，推动经济转型升级。三是加快企业技术改造，提高科技创新能力。四是加快调整能源结构，增加清洁能源供应。五是严格投资项目节能环保准入，提高准入门槛，优化产业空间布局。六是发挥市场机制作用，完善环境经济政策。七是健全法律法规体系，严格依法监督管理。八是建立区域协作机制，统筹区域环境治理。九是建立监测预警应急体系，制定完善并及时启动应急预案。十是明确各方责任，动员全民参与，共同改善空气质量。

补偿的原则，加快建立生态补偿机制。十余年来，在党中央、国务院的领导下，国家有关部门、各省区市积极有序推进生态补偿机制建设，迈出了重要步伐，取得了阶段性进展，获得了广泛认同。有关生态补偿机制的规定不仅多次出现在执政党和国家的文件和报告当中，还首次被写入环境保护基本法——《中华人民共和国环境保护法》。作为起到承前启后作用的阶段性规范文件，2016 年国务院办公厅印发的《关于健全生态保护补偿机制的意见》则从国家最高行政机关的高度指出生态保护补偿仍然存在的问题和困难。该文件在序言中直接列出了生态补偿建设目前面临的多个问题，其中，"范围仍然偏小"是首要问题，然后才指出补偿标准偏低、互动机制不完善等问题。2021 年中共中央办公厅、国务院办公厅印发的《关于深化生态保护补偿制度改革的意见》则明确要求，到 2025 年与经济社会发展状况相适应的生态保护补偿制度基本完善。

经过十多年努力，我国的生态补偿机制已经涉及森林、草原、海洋、湿地、流域、矿产资源开发以及重点生态功能区等领域。生态补偿机制建设的理论和实践取得积极进展，在促进生态环境保护方面所起的作用初见成效，但是生态补偿的范围相比于我国生态环境保护的大局仍需扩展。大气污染已经成为影响我国经济社会发展和民众生活的重大问题，然而在该问题的治理领域，国家层面上的生态补偿机制却迟迟没有出现。据有关专业机构的分析和研究表明，大气污染问题是长期积累而形成的，治理大气污染任务重、难度大。大气污染对我国的不利影响难以在短时期内消除，公众对良好空气质量的期待和大气污染防治实效之间的差距和矛盾也将长期存在。作为运用经济杠杆进行环境治理和生态保护的生态补偿机制，其特点在于可充分运用国家、地方、社会、市场等多方面的力量，长时期、综合性地发挥作用。大气污染治理也理应像森林、草原、海洋、湿地、流域和水资源、矿产资源开发以及重点生态功能区等领域那样尽快建立生态补偿法律机制，并在全国范围内发挥积极作用。将生态补偿的范围扩充至环境空气质量领域，也是进一步健全生态补偿法律机制的现实需要。

在 2016 年国务院办公厅印发的《关于健全生态保护补偿机制的意见》中，"统筹兼顾"就被列为四项指导原则之一。在该意见的影响下，经济社会生态统筹兼顾原则贯穿了目前各省市的环境空气质量生态补偿法律机制创建、发展的全过程。近年来出台的环境地方空气质量生态补偿相关办法，都突出了建设生态文明的要求，强调了对生态利益的追求，但同时要求保障社会利益和经济利益。在推行环境空气质量生态补偿各项措施的过程中，也要考虑经济的可接受性，统筹经济发展与生态环境保护。目前，空气质量生态补偿的主体只有地方政府没有企业，这突出了地方政府在追求生态利益、保护地方空气质量上的责任，并没有直接要求企业、社会团体和个人承担相关义务，以免后者的正常发展给环境增加更多负担。

第四章　环境空气质量监测法律制度

准确的环境空气质量监测数据是进行环境空气质量生态补偿的前提条件。通过环境监测我们才能准确、及时、全面地获取监测数据，反映环境空气质量的现状和发展趋势。环境空气质量监测数据为环境管理、污染源控制、环境规划等提供科学依据，为环境空气质量生态补偿提供考核数据来源。《中华人民共和国环境保护法》（2014）明确要求，国家要建立、健全环境监测制度，通过对环境空气质量的监测，推动环境空气质量的改善，减少大气污染危害，保护人体健康。环境空气质量监测作为生态环境保护的基础性工作，无论是对个别案件的查处，还是对整体性环境空气质量的评估，都要以环境空气质量监测数据为依据。环境空气质量生态补偿法律机制是建立在环境监测制度提供的数据基础上的。

第一节　环境空气质量监测法律制度是生态补偿的基础

环境监测是环境监测机构按照有关的法律、法规和技术规定、程序的要求，运用科学的、先进的技术方法，对代表环境质量及其发展变化趋势的各种环境要素进行间断地或连续地监视、测试和解释的科学活动。[1] 环境监测最早主要针对的是工业污染源，如今已经逐步发展为对整个大生态环境的监测。环境监测的目的就是及时、准确、全

---

[1]　张建辉，等.环境监测学 [M].北京：中国环境科学出版社，2001：3-4.

面地反映环境质量的现状、发展趋势和变化原因，为环境法治、规划和决策等活动提供科学依据。环境监测作为一种技术性和综合性很强的科学活动，还具有很强的法律性，需要公平、公正、公开地开展环境监测活动。环境监测是必须依法开展的政府行为。

我国环境立法中对环境监测制度的规定有很多。《中华人民共和国环境保护法》（2014）第十七条要求，国家建立、健全环境监测制度，由国务院环境保护主管部门制定监测规范，负责环境监测日常管理。该法还明确规定监测数据的真实性和准确性由监测机构及其负责人负责。在此基础上，《中华人民共和国大气污染防治法》（2015）进一步规定，国务院环境保护主管部门负责制定大气环境质量与大气污染源的监测和评价规范，组织建设与管理全国大气环境质量和大气污染源监测网，组织开展大气环境质量和大气污染源监测，统一发布全国大气环境质量状况信息。对于各地的大气环境质量监测，该法也规定了县级以上地方人民政府在组建监测网络、开展监测工作和发布监测信息的职责。

经过几十年的努力和探索，我国的环境空气质量监测网络从无到有，监测网络的覆盖面和功能不断提高，已经形成了目标明确、层次分明、功能齐全的国家和地方空气监测网络体系，并制定了相应的标准、技术规范和指导文件。我国的国家环境空气质量监测网络框架主要包括国家城市环境空气质量监测网络、国家区域空气质量监测网络、国家大气背景监测网络、沙尘天气影响空气质量监测网络以及其他特殊目的监测网络等。

国家城市环境空气质量监测网络是我国环境空气质量监测网络的主体，目前已有几十年的发展历史。该网络用于监测城市建成区或不同功能区内的综合环境空气质量状况，其主要目的是评价城市建成区内的整体空气质量状况和空气质量达标情况。通过环境空气质量监测网络反映人口密集地区的污染物暴露情况，为行政机关环境管理和公众信息服务提供技术支持。20 世纪 70 年代中期，北京、沈阳等一些技术水平较好的城市最早在我国开展了空气监测工作，建立了自身的地方监测网，此时国家监测网尚未成形。到 20 世纪 80 年代，随着全国城市监测站的发展壮大，国家以各城市监测站为基础，建立了最早的国家城市环境空气质量监测网络，监测项目主要是二氧化硫、氮氧化物和总悬浮颗粒物（TSP）。当时大部分城市采用的还是采样—实验室分析的手工监测方法，只有少部分大城市建立了空气自动监测系统。20 世纪 90 年代，经过大规模建设及二次调整和优化后，各城市加大了空气质量自动监测系统的建设力度，初步建立了一个由 103 个城市空气监测站组成的全国城市空气质量监测网络。

从 2000 年开始，我国的环境空气质量监测技术逐步向自动监测技术发展，进一步促进了国家和地方空气质量监测网络的建设，监测项目逐步转变为二氧化硫、二氧化氮和可吸入颗粒物，并实现了 42 个环境保护重点城市的日报。从 2005 年开始，国家环境空气质量监测网涵盖了全国 113 个环保重点城市的 661 个监测点位，并实现了空气质量日报的全年发布。同时，全国 300 多个地级以上城市建立了各自的地方空气质量监测网络。

2011 年开始，为进一步拓宽国家城市环境空气质量监测网络的覆盖范围，环境保护部组织开展了"十二五"城市环境空气质量监测点位调整工作，使得国家城市环境空气质量监测网络涵盖全国地级以上城市。在监测项目方面，根据《环境空气质量标准》（GB 3095–2012) 的有关要求，到 2015 年底，所有国家网点位全部开展了二氧化硫、二氧化氮、PM10、PM2.5、一氧化氮和臭氧气体等六项监测指标的监测并向公众发布空气质量指数信息。目前，1436 个国控监测站点全部具备 PM2.5 等六项指标监测能力，且已完成国家环境空气质量监测事权上收，形成了覆盖区域、省、市三级空气重污染预测预警体系，基本实现 3 天精准预报和 7 天趋势分析，实现重污染天气应急区域联动。

我国的环境空气质量监测制度建设经过多年的发展，已经初步具有以下主要特点：

第一，规范性。环境空气质量监测的各个环节和技术手段受到一系列环境空气质量标准、监测技术规范、规定和标准的制约，具有很强的规范性。环境空气质量监测工作需要保证环境空气质量监测数据的代表性、准确性和可比性，使监测信息能客观、公正地反映环境空气质量的实际情况。

第二，时效性。只有对一系列具有代表性的环境空气质量监测点位进行长期的持续监测，积累大量的监测数据，才有可能客观、准确地揭示环境空气质量的发展变化趋势。同时，环境空气质量监测机构应为环境管理和决策提供针对性较强的技术支持，及时地将环境监测的综合分析结果和对策建议提供给生态环境管理部门。

第三，公正性。环境空气质量监测是一种法律规定的政府行为，监测结果是环境管理和决策的重要依据。因此，环境空气质量监测必须具有公正性，必须按照有关的技术规范、规定和标准进行操作。环境空气质量监测数据具有法律严肃性，任何个人或单位不得伪造、变造、编造监测数据，否则要承担法律责任。

第二节　环境空气质量监测法律制度对生态补偿的影响

如上所述，我国的环境空气质量监测网已初步建成，并对环境空气质量生态补偿的正常进行发挥了重要作用。目前，各级环境空气质量生态补偿法律机制所采用的环境空气质量数据分别来自国控、省控和市控环境空气质量自动监测站。《山东省环境空气质量生态补偿办法》规定，主要大气污染物考核数据采用省控及以上监测点位统计数据，空气质量优良天数比例采用国控监测点位统计数据。在日益严重的环境污染治理，特别是在复杂的大气污染治理方面暴露了很多问题——环境空气质量标准较低、监测站点不足、监测数据准确不够、行政干预较多、责任体系不完善等，引起了国家主管部门和普通民众的关注。概而论之，存在的问题主要表现在以下方面。

一、环境空气质量标准

环境质量标准的制定是为实现环境质量目标，结合经济技术条件和环境特点，对排入环境的有害物质所作的限制性规定。环境质量标准与有关环境质量标准的法律规范结合，共同形成了环境法体系的一个有机组成部分。环境质量标准制度是环境监测必然涉及的制度，世界各国环境法对此基本上都有相应规定。《中华人民共和国环境保护法》（2014）规定由国务院环境保护主管部门制定国家环境质量标准。

国家环境空气质量标准是国家环境空气质量管理工作的出发点和归结点。[1]世界上已有80多个国家颁布了环境空气质量标准，对大气中的污染物或其他物质的最大容许浓度进行规定。1982年我国的环境空气质量标准首次发布，并在1996年和2000年分别进行过修订。现行的《环境空气质量标准》是由当时的环境主管部门——中华人民共和国环境保护部与质检总局联合制定的。国务院常务会议于2012年2月29日同意发布实施新修订的《环境空气质量标准》（GB 3095-2012），5月21日环境保护主管部门在此基础上进一步公布了《空气质量新标准第一阶段监测实施方案》，要求在新空气质量标准实施的第一阶段在74个试点城市设立国家监测点，完成与试运行监测设备，并从2013年1月1日起，74个试点城市的空气质量数据将由国家监测点统一和实时向社会公众、上级政府和新闻媒体公布，新标准的实施在极大程度上改变了地方政府原有的环境治理动机和手段，也构成了各地推行环境空气质量生态补偿的实施基础。

一般而言，空气中污染物浓度增加会对人体健康产生很大的危害。

---

[1]　王宗爽，武婷，车飞，等.中外环境空气质量标准比较[J].环境科学研究，2010，23（3）：253-260.

二者之间的比例关系因污染物的种类不同而有所区别，环境空气质量标准的制定，有助于发现周围环境空气质量中的污染物和特定主体健康的关系，如死亡率之间的定量关系。虽然空气污染物浓度与其对健康影响的关系是客观的，是建立在大量科学证据基础上的，但是选择什么样的健康效应点作为制定空气质量标准的依据，是国际组织和各国标准制定人员需要基于实际情况考虑的。世界卫生组织于2005年发布了《空气质量准则——颗粒物、臭氧、二氧化氮和二氧化硫（2005年全球更新版）》，修订了4种典型污染物的空气质量准则值，旨在为降低空气污染对健康的影响提供指导。世界卫生组织的环境空气质量准则是为在世界范围内使用而制定的，需要各国采取支持性的行动以达到在不同环境下实现各自的目标。该组织强调，准则值未考虑技术、经济、人文、政治等因素，只是为政府部门制定环境政策提供背景信息，如果短时间超出准则值，并不意味着一定出现负面影响，而达到准则值，也不一定就完全没有危害。[1] 世界卫生组织的做法表明，各国的空气质量标准应依据各自权衡健康风险的方法、技术的可行性来确定。

虽然世界卫生组织制定了空气质量标准并不断更新、修订，提供给各国参考，但各国为保护公民健康制定的空气质量标准之间是有差异的。不同国家的空气质量标准往往根据综合考量各国的技术可行性、面临的健康风险、经济发展水平和政治意愿等诸方面的因素来制定。世界卫生组织推荐的准则承认各国存在差异，允许各国自行决定是否直接将世界卫生组织的准则值作为自己具有法律效力的标准或是充分考虑当地情况后修改后适用。各国政府在制定政策目标时需要考虑国家的发展水平和空气质量管理能力等方面因素。因此，各国制定的环境空气质量标准不存在绝对意义上的优劣之别，而是相对的。

我国《环境空气质量标准》（GB 3095-2012）是根据我国国情制定的环境空气质量基准，反映了当时我国环境空气污染特征和经济技

---

[1] 中国环境监测总站.环境空气质量监测技术[M].北京：中国环境出版社，2013：24-25.

术发展水平。通过充分借鉴国际组织、发达国家和地区环境空气质量管理的经验及环境空气质量标准,我国根据经济技术发展水平和环境空气污染特征变化,2018年生态环境部常务会议审议并原则通过了《环境空气质量标准》(GB 3095-2012)。定期修订国家环境空气质量阶段性管理目标实现了与现行环境空气质量相关法律、法规、规划、政策和标准相衔接。该标准根据我国环境管理的需要更新环境空气质量监测与分析方法标准,以达到有利公众健康、保护生态环境和促进可持续发展的目的。《环境空气质量标准》(GB 3095-2012)在各省环境空气质量生态补偿机制的法律文件中的适用采取了两种模式,分别是环境空气质量优良天数比例和特定大气污染物的浓度。无论是两种兼采模式还是单一模式,均需要依据《环境空气质量标准》做出评价。

二、监控站点设置存在空白

环境空气质量监测站点网络按照级别不同分为国家环境空气质量监测网络和地方环境空气质量监测网络。其中,国家环境空气质量监测网由国家环境保护主管部门组建,地理范围覆盖了全国不同的省、自治区和直辖市。地方监测网络是指地方环境保护主管部门在辖区内选取具有代表性的监测站点组成的网络,可以进一步分成省级监测网、市级监测网和县级监测网。《中华人民共和国环境保护法》(2014)第十七条对环境监测站点的设置有明确规定,要求国务院环境保护主管部门统一规划国家环境质量监测站(点)的设置,通过制定监测规范,会同有关部门组织监测网络。第二款进一步指出,有关行业、专业等各类环境质量监测站(点)的设置应当符合法律法规规定和监测规范的要求。

为准确掌握空气质量现状和变化趋势,客观反映空气污染对人类生活环境影响,需要合理布设监测点位。大体上看,监测点距离越近,对判断身边的空气质量越具有参考价值。因此一个地区环境空气质量监测点的数量、位置与环境空气监测数值一样，也是对环境空气质量进行评价的重要指标。经过四十多年的努力，我国已经设置国家、省、市、县四个层级的 5000 余个环境空气质量监测站点。相较于我国辽阔的国土面积、庞大的人口数量和日益严峻的大气污染形势，站点的数量和覆盖范围仍显不足。环保组织公众与环境研究中心（IPE）发布的报告显示，我国的空气质量监控网络建设已经取得了长足进步，但在数量上仍有较大增长空间，在分布的均衡性上需要进一步加强。[1] 该研究报告指出，空气质量监测站点特别密集于空气污染重点防控地区的京津冀、长三角和珠三角地区，这些监测站不仅遍布中心城区和县级市，而且几乎布设到了每一座县城。监测站点布设不均衡的现象在部分空气污染较重的地区依然较为明显，空气污染重点防控地区之外的地区仍缺少空气质量监测站点，甚至在部分重污染地区没有设置质量监测站点。

以率先在全国推行空气质量生态补偿的山东省为例，截至 2016 年 6 月，环保组织公众与环境研究中心发布的报告显示："山东省 137 个区、县和县级市当中，设有空气质量监测站点的区县共 104 个，覆盖率达到 76%，居全国第 9 位。其中莱芜、临沂、泰安、威海、聊城、东营、潍坊、青岛、滨州每一个县均有覆盖。山东省德州市的空气质量监测站点建设较为滞后，除德城区和陵城区有监测点分布外，其下属的 9 个县级行政单位均无监测站点，成为山东省空白区域的最多的设区市。"河南省也制定了环境空气质量生态补偿的政府规章，在省内推行城市间环境空气质量生态补偿。然而，空气质量监测站点的数量不足依然需要改善。环保组织公众与环境研究中心发布的报告显示，河南省 15 个市的空气质量监测站点均存在县级空白点，甚至包括省

---

[1] 2016 年 6 月环保组织公众与环境研究中心（IPE）发布了 2015—2016 年度 120 个城市年度空气质量信息公开指数 (AQTI) 评价结果，其中也包括发布空气质量数据的空气质量监测站点的布设情况，本书主要关注后者。

会城市郑州。全省仅有焦作和驻马店两个市完成了所有区县的全覆盖。山东、河南两省的经济总量均位列我国省级行政区域前列。两个经济大省的情况尚且如此，其他中西部省份的监测站点就更少了。

三、监测数据造假，法律责任不完整

环境空气质量监测的数据不准确原因是多方面的，既有环境监测站设置不合理、技术落后，也有企事业单位为了逃避环境保护部门处罚造假，还有环境监测站自身受上级领导授意、指使造假。其中地方政府的行政干预是目前需要关注的突出现象。我国在国家环境空气质量监测网城市站运行上，实行的是分级管理，环境保护部负责组织管理国家城市站，县级以上地方环境保护主管部门负责国家城市站运行所需基础条件的保障工作，这是一种属地监测体制，在该体制下环境监测的用人权、财权和环境监测事权基本上被下放到地方政府，导致对监测数据的行政干预现象层出不穷。

备受瞩目的"西安环境空气质量监测数据造假案"就是在地方政府行政干预下，公职人员在进行环境空气质量监测时明目张胆做假，被追究刑事责任，这从侧面反映了环境监测数据造假存在严重问题，并且我国相关的法律制度未能有效应对。该案于 2017 年 6 月一审公开宣判，包括区环境分局局长、监测站站长在内的 7 名涉案人员均因破坏计算机信息系统罪获刑 1 年 3 个月至 1 年 10 个月不等。这一震惊全国的案件起因于 2016 年 2 月西安的严重雾霾。案发时的两个监测站的监测数据显示，当地空气质量一直处于较严重的污染状态，直接影响到该区治污减霾成效排名。为干扰空气质量监测数据，环境监测站的相关工作人员在区环境保护主管部门领导的分别授意下，多次潜入西安市长安区和阎良区国控环境空气自动监测站内，采用棉纱堵塞采样器的手法，直接干扰监测站内环境空气质量自动监测系统的数据采集功能，使得相关空气质量监测数据值突然降低。案件涉及的长安区和阎良区监测站是两个国家直管监测子站点，其监测数据会被实时上传至中国环境监测总站，因为"异常"偏低引起了总站工作人员的怀疑。此前两区曾因在空气质量处于较严重的污染状态而受到批评，两个区的环保局领导面临巨大压力。为迅速改变系统自动监测结果，拿到"好看"的数据，他们没有从消除环境污染源头、控制污染排放、加强生态建设等方面想办法，而是指使所属环境监测站采取非法手段影响监测数据。

西安环境数据造假案引起了社会极大关注，系国内此类案件的首例。该案件在发生时无可适用法律条文，也无司法判例可供参考，该案后被最高人民法院定为指导性案例。西安环境数据造假案只是当下我国环境监测数据造假乱象中引人关注的一例，而相关未被公众所知的情况还有很多，包括将污水监测仪放在矿泉水瓶里、人为设置污物自动监控系统程序数值、随意篡改监测数据，甚至故意损毁污染物排放自动监控设备等。随着一些省份环境空气质量生态补偿法律机制的运行，一些地方政府改善空气质量的压力日益增大。根据相关调查，某些地方环保部门、企事业单位和个人虽然不敢明目张胆对环境空气质量自动监测系统的数据造假，但是各种小动作、打"擦边球"现象不断。例如，让洒水车、雾炮车等"除霾神器"围着空气质量监测控站点附近打转，频繁利用湿墩布对监控设施进行保洁，试图间接影响监测数据采集的结果，以求拿到更"好看"的空气质量监测数据。

西安环境空气质量监测数据造假，只是环保法修订生效后因环境监测数据造假而被移交司法机关，追究地方环境保护部门主要负责人法律责任的首个相关刑事案件。《中华人民共和国环境保护法》（2014）要求监测机构及其负责人对监测数据的真实性和准确性负责，具体到如何负责，法律规定相对空泛。在因监测数据造假承担法律责任方面，由于法律只规定对监测数据造假的主管人员和其他直接责任人员进行行政处分，司法机关在案发后试图追究相关人员刑事责任时，从《中华人民共和国环境保护法》和《中华人民共和国刑法》中找不到适用的罪名，在用何种罪名追究相关负责人监测数据造假行为的法律责任时还引起了一些争议。环境监测数据是环境管理的基础，环境监测数据的真实性不仅会导致环境治理决策错误、延误环境治理时机、对生态环境和公众健康造成直接损害，也间接影响到环境空气质量生态补偿结果，严重影响政府部门的公信力。

第三节　环境空气质量监测制度的完善

针对不断出现的环境监测数据造假事件，国家生态环境主管部门领导曾深刻指出："环境监测是环境管理的顶梁柱，为环境管理提供了重要技术支撑，必须确保环境监测数据真实准确和全面。"这些表态充分表明了国家对环境监测的重视和环境监测的重要性。到 2020 年初步建成生态环境监测网络是国务院 2015 年印发的《生态环境监测网络建设方案》提出的目标。监测站的数据是国家考核地方空气质量的重要依据，生态环境监测数据的准确性、真实性是生态环境治理的前提条件，真实准确的监测数据不仅能确定生态环境的状况，而且为生态补偿金的给付与获得的方式和额度提供支撑。应当由各级政府负责建设并运行各级环境质量监测网络，以准确及时掌握全国生态环境质量总体状况。

一、推动环境空气质量监测网络的建设

我国各地的空气质量监测点的数量需要增加。为了进一步做好环境空气质量监测，各省市建设市控空气质量监测站的决心和力度很大，弥补了国控站点在数量上的不足。根据"谁考核，谁监测"的要求，在目前推行空气质量生态补偿法律机制的几个省份，建设国控空气质量监测站点外的省控和市控站点的力度还是很大的。如因空气质量监

测站点稀少和发布空气质量数据不及时受到批评的山东省德州市，在加大建设力度，提高全市空气监测水平基础上，德州市投入 1 亿余元，新建了 69 个环境空气自动监测站，加上已有的 31 个传统空气监测站，全市空气监测数量达到 100 个，实现了空气监测站点全覆盖，并与省、市环保部门联网运行后将实现监测数据实时上传。山东省青岛市制定了《青岛市市级环境空气质量自动监测站管理办法》，要求空气站点位应当布设于城市建成区内，每 25 平方千米至少布设一个点位。点位应当分布均匀，能够代表建成区整体空气质量。针对城市建设的快速发展，该办法特别规定：城市建成区面积扩大或行政区划变动，导致现有空气站点位不能全面反映建成区整体空气质量状况的，可在原建成区或新、扩建成区增加点位。通过多年努力，2021 年初山东省共建成环境空气质量自动监测站 1997 个，监测数据全省互联共享，在全国率先实现省、市、县、乡四级环境空气质量全指标自动监测全覆盖。

河南省为推动空气质量改善，也非常重视环境空气质量监测站点建设。2016 年 7 月，河南省环境保护厅下发了《关于加快推进县级城市环境空气质量自动站加密建设的通知》（豫环文〔2016〕207 号），明确要求全省 17 个省辖市（济源除外）、97 个县（区）、10 个直管县（市）需建设县级空气站共 321 个。这些县级环境空气质量自动站均被要求完成与省厅平台的联网。相关省市重视在国控空气质量监测站点之外推动其他级别站点的建设，其既是依据国家的环保法律法规和技术规范加强对空气质量监测的需要，也为地方的环境空气质量生态补偿机制的推进和完善提供了便利条件。

二、推动环境监测服务社会化

早在 2015 年环境保护部出台指导意见推进环境监测服务社会化的前三年，山东省就进行了积极尝试。2012 年 8 月开始，山东省环保厅将全省的空气质量自动监测站全部委托给"第三方"机构运营，省市环保部门共同购买符合质量要求的监测数据，以确保空气监测数据的质量。2012 年 8 月，山东省环保厅将全省 17 地市 144 个空气站收归山东省环境信息与监控中心直接管理，并招标了社会化的运营单位负责分片运行维护。

　　山东省通过公开招标，已选出青岛、厦门等 3 家运营单位和北京的 1 家比对单位。通过测算，实行这一新模式空气站运行费用将比原有模式降低 15%。这标志着山东省率先在全国把城市环境空气质量自动监测站移交给第三方，实行专业化、社会化运营管理，开了全国先河。[1] 这种模式被称为"转让 – 经营"（TO）模式，是我国现阶段环境监测体制改革的有效实践，由山东省首创，目前也只在该省实施，山东省环境保护厅与财政厅联合发布了《关于推广全省城市环境空气质量自动监测站 TO 模式工作的通知》。山东省通过引入第三方运营、比对机构，并要求这些机构只对省级环保部门负责，这样就可以尽量避免地市对运营、比对工作进行行政干预。

　　目前国家正在大力推进的国家环境质量、监测事权上收工作也需要环境监测服务社会化。从目前的趋势来看，省级环保部门也会逐步上收环境质量监测事权，以完善地方环境质量监测网，保障用于评价、考核的环境监测数据不受地方行政干预。今后的地控点监测事权上收的省级环保部门也会同样委托给第三方机构。当然，即使第三方来运营，也不能完全独立于当地环保部门，而地方政府出于政绩考核的压力，仍有数据作假的冲动，这就需要国家进一步完善环境监测的责任体系。

三、监测标准的多方参与

　　国家环境保护部 2012 年颁发的《环境空气质量标准》（GB

---

[1]　蔡守秋.中国环境监测机制的历史、现状和改革 [J].宏观质量研究，2013，1（2）：4-9.

3095-2012）经过分期实施后，已在全国统一实施。该标准的出台和实施，为我们明确了空气质量优劣的标准。山东、湖北、河南等省份为了贯彻、落实国家的要求，积极治理大气污染，在建构空气质量生态补偿法律机制时汲取了该行动计划的精神，采取以空气质量改善的程度为标准决定生态补偿金发放的方式、数量，建立长效机制。这种适度补偿、逐渐改善的长效机制较为温和，更有利于在经济新常态下促进空气质量的改善。如山东省的《空气质量生态补偿暂行办法》第三条具体指出，以各设区的市4种污染物的平均浓度的季度同比变化情况为考核指标，后又根据国家的《大气污染防治行动计划》要求增加了空气质量优良天数比例的同比变化情况为新的考核指标。湖北省的规定与山东省稍有不同。《湖北省环境空气质量生态补偿暂行办法》提出了"环境空气质量逐年改善"与"年度目标任务完成"双项考核目标。暂行办法中，对纳入国家目标责任书的可吸入颗粒物 PM10 直接采取体现双目标的考核方式，分别将国家规定目标与本年度实际完成情况比较、上年度考核季度平均浓度与本年度考核季度平均浓度比较，作为考核公式的两个组成部分。

各省均确定了根据环境空气质量同比变化的情况决定生态补偿资金流向的重要依据。但是这种做法属于权宜之计，可以在一定时间内适用，而长远来看还是应当以达到国家《环境空气质量标准》（GB 3095-2012）规定的二级标准为目标。对此，我国新修订的大气污染防治法明确规定，地方各级人民政府应当使大气环境质量达到规定标准并逐步改善。可见，我国法律规定的是"达到规定标准并逐步改善"而不是逐步改善再争取达到国家规定的标准。许多地方文件也体现了这样的精神，规定了达标城市即使空气质量同比下降仍然符合国家的环境空气质量标准可以不予处罚。如湖北省相关暂行办法规定，PM10、PM2.5 年平均浓度达到《环境空气质量标准》二级标准的地区，即便两种污染物平均浓度的月同比变化情况上升，按上述方法计算结果为负值，也可不扣缴环境空气质量生态补偿资金。在今后环境空气质量生态补偿法律机制的治理目标上，应充分落实我国法律规定的精神，将以逐步改善环境空气质量为目标改为以达到国家规定的标准并逐步改善为目标。

《中华人民共和国环境保护法》（2014）中，关于环境标准的规定占了整部法律条文的十分之一，这充分表明了环境标准制度在环境法律制度中的重要地位。环境标准虽然不是法的渊源，但其一旦被法律法规所援引，或者被环境行政机关所采纳，就具有了法律上的约束力。我们通常所说的环境标准，是指以特定形式发布的标准文件，如《大气环境质量标准》（GB 3095-82）、《污水综合排放标准》(GB 8978-88)、《造纸工业水污染物排放标准》(GB 3544-83)、《制定地方大气污染物排放标准的技术原则和方法》(GB 3840-83)、《机动车辆噪声测量方法》(GB 1496-79) 等。这些环境标准大部分是技术规范，采用标准文件特有的术语、符号、代码、编号和其他技术规定形成一个独特的规范体系。

根据我国环境保护法的规定，依法制定的环境标准是国家环境政策的具体体现，是环境管理和环境执法的基本依据和工具。对于环境管理而言，环境标准是衡量、评价环境质量，制订环境计划，进行环境监测的主要依据；是提高环境质量，控制排污行为，检查产品的环境性能，促进环保科技进步，加强环境监督的重要工具。在法律上，环境标准与有关环境标准的法律规定结合共同形成环境法体系的一个组成部分。

环境空气质量监测标准的制定以经济社会发展和科学技术进步为依据，既要符合自然规律，又要符合社会规律，还要考虑经济和技术上的可行性。环境空气质量监测标准未被赋予直接规定具体权力义务的能力，需要与具体环境行政政策相结合，才能对行政相对人的权利产生影响。大气污染物排放标准只有通过相关法律法规的指引，才能对排污行为产生限制。我国环境监测标准"落后社会现实""超期服役"等现象的存在，这些缺陷导致现行环境监测标准与环境管理客观实际、社会现实严重脱节，广为理论界和实务部门所诟病。鉴于此，应当在环境标准制度中规定社会参与制定制度，为环境标准的及时更新注入内生的调整动力以增强环境监测标准的时效性和适用性。

四、弥补环境空气质量监测法律责任缺陷

近年来，在空气质量监测系统运作过程中，各种编造、篡改监测数据的事件时有发生。现行的环境监测管理体制机制暴露的一些弊端不仅对空气质量监测系统的正常运行产生了一定破坏，也严重损害了政府和相关环保部门的公信力。对于这些行为，环境保护工作者指出："保证监测数据真实可靠是监测工作的底线。"各地之所以出现各种环境监测数据造假事件，其制度根源在于环境监测数据制度有一些漏洞，特别是法律责任存在不完善之处。国家高度重视环境监测数据质量，近年来，中央领导人多次对监测数据质量问题做出重要批示。按照中央的顶层设计，应当强化法律责任，确保环境监测数据的真实性。

上述"西安环境空气质量监测数据造假案"的作案手法、法律适用争议属于全国首例，当时在法律规定上属于空白地带，在刑事责任上无先例可循。如何定罪量刑，法律理论实务界对此认识不一。2016年12月，最高人民法院、最高人民检察院颁布了《关于办理环境污染刑事案件适用法律若干问题的解释》。该解释在第十条专门针对环境质量监测系统实施造假行为，规定应当以破坏计算机信息系统罪论处。在行为主体上，规定从环境监测设施维护、运营的人员实施或者参与实施上述行为的，应从重处罚。

在西安的环境空气质量监测数据造假案被披露后，全国各地还出现了多起类似案例。2017年3月临汾市的造假案就是其中具有代表性的一起。根据生态环境部《关于山西省临汾市国控环境空气自动监测

数据造假案有关情况的通报》，该案主犯时任临汾市环保局局长张文清为降低该市环境污染指标数据，授意环保局原办公室主任张烨和临汾市环境监测站原聘用人员张永鹏对临汾市 6 个国控环境空气自动监测站进行人为干扰。作案人员通常选择 19 时至 23 时，采用堵塞采样头、喷水或氢氧化钠中和等方式，同时或交替对临汾市 6 个国控站点细颗粒物、可吸入颗粒物、二氧化硫采样设备进行人为干扰，次日清晨清理现场后离开。2018 年 5 月 30 日，山西省晋中市榆次区人民法院以"破坏计算机信息系统罪"对涉案 16 人作出判决：判处张文清有期徒刑两年；分别判处张烨、张永鹏有期徒刑一年；分别判处崔勇勇、张安有期徒刑八个月和六个月；其余 11 人分别处以拘役四至六个月，缓刑八个月至一年不等的处罚。

司法实践中对环境监测数据造假的行为适用破坏计算机信息系统罪，其很大程度上是权宜之计。涉案的监测站相关工作人员用棉纱堵塞采样器、喷水等方式致使数据失真、异常，但是其并没有直接作用于计算机信息系统。因此，许多专业人士认为该案适用破坏计算机信息系统罪并不合适。然而，在我国的生态环境保护相关立法中，很难找到直接适用对环境监测数据造假行为的法律条款。虽然《中华人民共和国环境保护法》（2014）、《中华人民共和国大气污染防治法》（2015）均对环境监测有直接规定，但是其在法律责任方面并不完整。相关法律责任只涉及企事业单位、其他生产经营者，以及环境监测机构通过篡改、伪造监测数据、不正常运行防治污染设施等方式弄虚作假、逃避监管产生的法律责任。对于环境主管部门及其工作人员直接或指使他人在环境监测中造假的行为并无规定。《中华人民共和国刑法》第四百零八条规定的环境监管失职罪虽然与环境监管行为直接相关，但难以在环境监测数据造假上适用。环境监管失职罪是指负有环境保护监督管理职责的国家机关工作人员严重不负责任，导致发生重大环境污染事故，致使公私财产遭受重大损失或者造成人身伤亡的严重后果。在如何认定上环境监管失职罪的成立条件"严重不负责任"存在一定争议。"严重不负责任"不仅能被视为犯罪构成的客观要件，而且能被理解为过失心理的主观要件。[1]更为重要的是环境监管失职罪为结果犯，其关注的结果限于人的人身权以及财产权的保护，忽略了生态环境法益本身。环境监管失职罪的成立要求出现重大环境污染事故，致使公私财产遭受重大损失或者造成人身伤亡的严重后果，而环境监测数据造假通常侵犯的是生态环境保护秩序，一般难以出现重大公私财产损害和严重的人身伤亡。《中华人民共和国刑法修正案（八）》已经修改了第三百三十八条污染环境罪的成立条件，将原来的"造成重大环境污染事故，致使公私财产遭受重大损失或者造成人身伤亡的严重后果"修改为"严重污染环境"，降低了适用标准，从而强化了对生态环境利益的保护。然而，该修改仅限于污染环境罪，并没有对环境监管失职罪做出类似修正。最高人民法院和最高人民检察院2016年《关于办理环境污染刑事案件适用法律若干问题的解释》进一步解释了"严重污染环境"，概括了18种严重污染环境的行为，但仍未涉及环境监管失职罪。这些在立法上的不足使得适用环境监管失职罪追究环境监管工作人员刑事责任的条件较高，因此司法实践适用该条的案例有限。

最高人民法院和最高人民检察院2016年《关于办理环境污染刑事案件适用法律若干问题的解释》虽然采取了一些弥补措施，规定了针对环境质量监测系统实施修改、干扰、破坏等行为，或者强令、指使、授意他人实施上述行为的，应以破坏计算机信息系统罪论处，但是破坏计算机信息系统罪也是结果罪，要求造成严重后果。上述两个案例的涉案人员所造成的后果表现为潜入监测站点作假导致数据异常，迅速被监测部门发觉，这难以被认定为严重后果。

从环境监测技术的发展来看，虽然计算机系统的自动监测被广泛

---

[1] 李兰英, 雷堂. 论严重不负责任 [J]. 河北师范大学学报（哲学社会科学版），2000, 23（4）：117-120.

采用，但是手工监测仍是不可缺少的监测方式。相较于自动监测法，以重量法为基本原理手工监测法的优点在于方法原理简单，测定数据可靠，测量不受颗粒物的形状、大小、颜色等因素的影响。[1]我国的《环境空气质量手工监测技术规范》（HJ/T 194-2005）自 2005 年颁布、2017 年底完成了首次修订后，目前仍然具有规范效力。可见，虽然环境空气监测广泛采用自动监测方法，但鉴于手工监测自身的特性和技术特点，手工监测一直是不可缺少的监测手段。自动监测和手工监测无缝衔接、互为补充的环境空气质量监测体系是大气污染综合防治及空气质量达标管理的重要前提。[2]手工监测是最经典的环境空气质量监测方法，然而手工监测并不直接涉及计算机系统，如果在手工监测上造假，则无法适用破坏计算机信息系统罪。规定针对环境质量监测系统实施造假行为的，应当以破坏计算机信息系统罪论处，不能涵盖所有目前正在运用的重要监测方式，属于命题不周延。

一些地方环境主管部门对国家直管的监测站数据进行造假，由地方政府管理的省级、市级和县级环境监测站的数据的真实性就更加让人怀疑。在建设生态文明，加大生态环境保护力度的趋势下，我们应当加强对环境监测数据真实性的保护力度。因此，可以对《中华人民共和国刑法》第四百零八条规定的环境监管失职罪提出新的司法解释，降低其适用的主观、客观方面的要求，使其能够对包括环境监测造假在内的各种环境监管相关犯罪行为追究法律责任。

在行政责任方面，我们应进一步细化、完善，与刑事责任相衔接，形成体系，以便于追究各种监测数据造假行为的法律责任。对于党政领导干部指使其他人员篡改、伪造监测数据的，要追究党政领导干部的刑事责任。对于暂时无法追究其刑事责任的，要按照《党政领导干部生态环境损害责任追究办法（试行）》等有关规定追究其行政责任。

[1] 中国环境监测总站.环境空气质量监测技术 [M].北京：中国环境出版社，2013：52-53.
[2] 王晓彦，杜丽，解淑艳.《环境空气质量手工监测技术规范》修订思路探讨 [J].环境与可持续发展，2018，43（2）：96-97.

对于被委托的第三方环境监测机构承担环境监测的运行和管理工作的，各级环境保护部门要加大监测质量核查巡查力度，严肃查处各种造假行为。国家应当组织相关人员编写具体的、可执行的环境监测数据弄虚造假行为处理办法，严肃惩处和防止第三方机构在环境监测数据上的造假行为。

第五章　环境空气质量信息公开制度

随着人们环境保护意识的增强，环境空气质量信息已经成为公众亟须了解的信息之一。调查研究表明，公众对环境空气质量相关信息关注度较高，其主要集中在发布的内容、标准、渠道、形式、途径、时间等。及时公布环境空气质量信息不仅是满足公众环境知情权的举措，也是履行政府环境义务的重要环节。环境空气质量信息的提供可以提升公众爱护生态环境，保护自然的意识，以降低污染天气对人体健康的不利影响，还可在此基础上决定环境空气质量的生态补偿。目前，我国尚未设立专门的环境空气质量信息公开制度对环境空气质量信息进行管理。

第一节　环境质量信息公开制度是空气质量生态补偿的重要保障

当今世界是一个信息化和透明化的世界，无论是政府、企业，还是社会公众，只要掌握信息，就掌握了一定的话语权。在环境空气质量保护领域，上述观点同样成立。环境信息作为一种重要的信息资源，在环境保护和环境管理过程中发挥着越来越重要的作用。

环境信息公开，简单来讲就是政府或企业将其掌握的环境信息告知个人、组织。作为环境信息的主要生产者，政府和企业手中掌握着大量环境信息。公众只有充分知悉环境信息，才能参与到环境保护活动中去，也才能为真正解决环境问题打下良好的基础。环境信息发布使管理者、被管理对象和社会公众了解和共享环境信息，从而对环境破坏行为造成压力，促使破坏者减少环境破坏行为，保护环境，使经济朝可持续方向发展。建立健全环境信息公开制度，不管是对保障公众参与环境治理，还是对保护环境、实现可持续发展，都具有重要意义。

在 1992 年联合国大会上签署的具有里程碑意义的《里约宣言》，为了实现国家、社会重要部门和人民之间新水平的合作，并建立一种新的和公平的全球伙伴关系的目标，提出了多项重要原则，其中第 10 条指出，有关公共机构掌握的环境问题的信息应当有适当的途径可以让个人获得。为落实被称为"软法"的《里约宣言》，实现第 10 条原则的内涵，由联合国欧洲经济委员会（UNECE）制定的《在环境问题上获得信息、公众参与决策和诉诸法律的奥胡斯公约》（以下简称《奥胡斯公约》）专门进行了阐释。《奥胡斯公约》率先以区域性的多边公约形式出现，被誉为"第一个试图全面且专门解决公民环境权利问题、具有约束力的国际文书"。大多数的多边环境协定规定了缔约方之间的相互义务，而《奥胡斯公约》规定的则是各缔约方对于公众所负有的义务。该公约第一条规定整个公约的目标和方向离不开环境信息，明确要求公约缔约方保障公众在环境问题上获得信息的权利。正如其名称与目标，《奥胡斯公约》三大支柱——获得环境信息、公众参与环境决策和诉诸法律，公约的第 4 条至第 9 条分别对此做了规定。《奥胡斯公约》被誉为"对程序性环境权进行了集中阐释"。[1]参与性、公开性、可救济性成为公众程序性环境权利的三大重要属性。[2]三大属性体现为获得信息、参与决策和诉诸法律三大支柱。获得信息是第一大支柱，公众要有效地参与决策和诉诸法律，需要全面、准确和及时的信息。获得信息这一支柱有被动和主动两部分内容：第一部分指公众从公共当局获得信息的权利和公共当局回应请求、提供信息

---

[1] 陈海嵩.论程序性环境权 [J].华东政法大学学报，2015，18（1）：103–112.

[2] 汪劲，等.类型化视角下环境权利研究 [M].北京：北京大学出版社，2020：87.

的义务。这种信息的获取是"被动的",是第四条涵盖的内容。第二部分指公众获得信息的权利和公共当局在没有收到特定请求的情况下收集、散发与公众利益相关的信息的义务。这是"主动的"获得信息,是第 5 条的内容。

我国在公众环境信息获取方面的法治建设取得了发展。在环境信息公开方面,我国已经建立了较为完整的制度体系。2007 年国务院颁布的《中华人民共和国政府信息公开条例》和国家环保总局颁布的《环境信息公开办法(试行)》拉开了中国环境信息公开制度化的序幕,环境信息公开工作开始稳步向前推进。《中华人民共和国环境保护法》(2014)首次设立专章对信息公开和公众参与进行了规定,肯定了公民、法人和其他组织依法享有获取环境信息的权利,明确了各级人民政府环境保护主管部门和其他负有环境保护监督管理职责的部门,负有依法公开环境信息的义务。在环境信息发布上,其规定了由国务院环境保护主管部门统一发布国家环境质量、重点污染源监测信息及其他重大环境信息;省级以上人民政府环境保护主管部门定期发布环境状况公报。

理论研究和治理实践表明,环境信息公开作为信息化时代环境治理的新型武器,有助于污染防治,改善环境质量。[1] 环境信息公开在总体上呈现对环境治理的正向净效应。随着《环境信息公开办法(试行)》的失效,新的环境信息公开条例正在制定过程中,[2] 其在着力打造信息共建、信息共享、信息共治三目标相互吻合的环境信息治理格局,[3] 公众环境信息权将得到更为全面、有力的保障。在大数据、人工智能、区块链等现代化信息技术日益发达的时代背景下,环境信息公开将越发被认为是决胜污染防治攻坚战的关键。

---

[1] 李永盛,张祥建.环境信息公开有助于我国的污染防治攻坚战吗? [J].中国环境管理,2020,12(1):87–94.

[2] 王华,郭红燕,黄德生.我国环境信息公开现状、问题与对策[J].中国环境管理,2016,8(1):83–91.

[3] 方印.从"旧三角"到"新三角":环境信息法权结构变塑论[J].法学论坛,2020,35(5):18–28.

第二节　环境信息公开制度在空气质量公开方面的不足

中国青年报社会调查中心曾就雾霾治理信息对 2001 人进行的一项调查，结果显示 69.4% 的受访者关注相关部门的治霾数据信息公布；仅 29.5% 的受访者感觉治霾数据信息和直观感受相符；66.0% 的受访者会因此对数据信息产生怀疑；63.6% 的受访者期待让每个普通人都能直观感受到治霾效果。[1] 国内在环境空气质量生态补偿信息公开的做法上，通常是按季度公开、年度核算。少数省份的环境空气质量生态补偿办法规定按照月份公开、年度核算。各地的环境空气质量变化无常，生态环境主管部门如果不能及时公布有关环境空气质量生态补偿的信息，或者不能全面公布有关信息，而仅仅公布简单的环境空气质量生态补偿资金额度，这难免让公众感到数据信息与直观感受不符，甚至产生怀疑。可以说，目前从国家到地方都非常重视对环境空气质量信息的公开，环境空气质量信息公开制度已经基本建成。在运行过程中，结合各地环境空气质量生态补偿法律机制，现有的环境空气质量信息公开制度尚有诸多改善的空间。

一、环境空气质量信息公开范围有待扩大

自然资源保护协会（NRDC）和公众与环境研究中心（IPE）连续多年对全国环保重点城市的污染源监管信息公开状况进行评价。作为社会组织评价的一部分，2020 年 1 月 6 日，自然资源保护协会和公众与环境研究中心联合发布了《十年有成：2018—2019 年度 120 城市污染源监管信息公开指数（PITI）报告》，其基于 2009—2019 年的连续量化评价认为，得益于环境立法和信息化建设的推进，以及政府、公众和企业的共同关注，中国环境监管和信息公开"十年有成"。从公开信息量的增长到信息发布完整性的提升，都显示了中国环境信息公

---

[1]　黄冲，韩雪莹 .63.6% 受访者期待雾霾治理让普通人直观感受到效果 [N]. 中国青年报，2016–11–08.

开制度正在发展，并且这些进步促进了我国环境质量的改善和经济社会的可持续发展。在地级及以上城市的努力下，基于连续十年对 120 座城市的污染源监管信息公开指数评价，宁波、北京和温州分列总分前三名，青岛、杭州和上海紧随其后，台州、深圳、常州和广州也进入前十，其相较于此前发布的年度 120 座城市污染源监管信息公开指数（PITI）评价结果进步明显。如 2016 年度的评价显示，120 座城市中，得分 60 分以上的仅 21 座，占总评价城市的 17.5%。一半以上评价城市得分低于 50 分，120 座城市平均得分 49.6 分。[1] 从环境信息公开的十年评分分析，其在总体上进步明显，但各地差异较大，各城市的环境信息公开工作任重道远。报告的数据显示，总体上看我国环境信息的公开透明与我国环境质量改善的幅度呈正相关。报告选取了山东、河北两省城市污染源监管信息公开情况和年度 PM2.5 均值进行比较，发现 2013—2018 年山东、河北地区信息公开情况指数平均值呈稳步上升趋势，两地城市空气 PM2.5 浓度整体呈稳步下降趋势。

　　在环境空气质量信息公开方面，通过《全国城市空气质量日报》我们可以实时看到，全国 367 座城市当天及此前的空气质量日报，其内容包括空气质量指数（AQI）、级别和首要污染物等多个方面的情况。相关研究认为，空气质量信息主动公开的内容包括建立全国统一平台、涵盖全年监测数据信息、实行各主要污染物每小时及时报告、既有总体指数也有污染物具体浓度值等方面，这是目前国内做得最好的。[2] 然而，相对国外先进国家，我国的做法还存在一定差距。目前，美国、日本等主要工业化国家把污染物排放和转移的信息公开作为其政府环境信息公开制度最核心的部分，构建了有毒物清单制度或称污染物排放和转移登记制度。[3] 对比在生态环境保护方面做的较好的国家，我国仅仅公开污染物浓度值的指数、级别、数量和首要污染物等环境空

[1]　白雪.各地污染源信息公开不平衡总体平均分仍未过 50[N]. 中国经济导报，2016-10-14.

[2]　王灿发，林燕梅.我国政府环境信息公开制度的健全与完善 [J]. 行政管理改革，2014（6）：27–32.

[3]　同上。

气质量信息是不够的，还需要进一步公开污染源的排放信息和管控污染措施信息，通过深入、全面地公开污染源信息，方便公众进行监督，促进企业减少污染物的排放，提升环境质量。

在企业环境信息公开方面，我国环境保护主管部门颁布了《国家重点监控企业自行监测及信息公开办法（试行）》，并于2014年正式实施。其要求国家重点监控企业开展自行监测，并向社会公开监测结果，特别规范了自动监测数据公开的内容、频次、渠道等，开启了企业大规模自动监测实时信息的篇章。这样的创新举措极大促进了我国企业污染源监管信息公开制度的提升。在此推动下，包括大气污染物排放监测在内的重点污染源自动监测数据被实时公开，虽然在过去几年我们取得了较大进展，但仍存在某些省份的部分区域尚未实现国控污染源的自动监测数据公开、平台自动检测数据发布存在 24 小时以上滞后等问题。一些城市的问题主要表现为重点污染源覆盖面有限，许多城市只涉及国控企业，不涉及省控、市控企业；部分地区在统一平台上公布自行监测数据的做法甚至没有涉及所有国控企业。综上所述，我国部分城市的污染源监管信息公开还有很长的路要走。

二、公众申请环境信息公开限制较多

目前，我国包括环境信息公开在内的政府信息公开制度基本特征是政府主导，其将政府主动公开相关信息作为重心，对于政府主动公开的信息之外的信息，公民、法人或者其他组织可以依法申请获取，从而确定了以政府主动公开为主，依申请公开为辅的制度模式。[1]法律规定对那些政府没有主动公开的信息，公民、法人和其他组织可以依法向政府申请公开。而公众申请公开的限制较多。

《中华人民共和国政府信息公开条例》规定对申请者要求公开信息的用途进行审查。第九至十二条明确规定了行政机关应当主动公开

[1] 赵正群，胡锦光，王锡锌. 政府信息公开法制比较研究 [M]. 天津：南开大学出版社，2013：88.

相关信息，第十三条将申请者的信息公开申请的用途限定在"自身生产、生活、科研等特殊需要"范围内，这致使公众申请信息公开的范围减小了，给予了政府拒绝信息公开的理由。《中华人民共和国政府信息公开条例》颁布不到一周，我国便制定了《环境信息公开办法（试行）》。该办法虽然没有对提出申请的公民、法人和其他组织向环保部门申请获取政府环境信息的用途进行限定，但作为其上位法的《中华人民共和国政府信息公开条例》是信息公开领域最高位阶的法律规范，在公众申请环境信息公开的实践中经常被行政机关以申请与"三需要"无关为理由拒绝公开相关信息。国务院办公厅当年发布了政府信息公开实施意见，其与《中华人民共和国政府信息公开条例》完全一致，再次强调"三需要"。在司法实践中，最高人民法院 2010 年《关于审理政府信息公开行政案件若干问题的规定》也规定法院在审理政府信息公开行政案件时，行政机关以政府信息与申请人自身"三需要"无关为由不予提供的，法院可以要求原告对其申请公开的特殊需要事由做出说明。可以说这些规定都表明我国的不同机关对政府信息公开表现出保守态度，总的来看是对公众申请信息公开进行了一定限制。

《中华人民共和国环境保护法》（2014）注意到政府信息公开问题，明确规定了公众依法享有获取环境信息、参与和监督环境保护的权利。作为我国生态环境保护基本法，其对环境信息公开的规定，从字面意思上看明确了公民获取环境信息权利。虽然该法具有一定进步意义，但是其部分规定较为笼统，还需要制定实施细则，进一步观察实施效果。

三、环境空气质量信息发布多方面并重

国内关于空气质量的监测数据主要有各级生态环保主管部门的数据、美国大使馆公布的数据和一些民间团体自己监测的数据。空气污染频发也让个人各种电子设备中安装的环境空气质量预报软件成为标

准配置。许多人已经养成了每天上班前后查看天气情况和环境空气质量指数的习惯，给日常出行提供参考。不过如前所述，生态环境保护部门发布的全国城市空气质量日报内容简单、地点有限，各种五花八门的软件应运而生。然而，这些软件发布的环境空气质量信息显示的数值往往有所差别。实践中也有不少关心环境空气质量的市民，对实行环境空气质量生态补偿地区的生态环境主管部门根据监测结果定期发布的空气质量补偿结果与自身感受不符而表示质疑。

目前，手机应用市场上主要存在两类应用软件直接涉及空气质量指数的发布：一类是综合型，以发布天气信息为主，在天气信息页面的次要位置涉及环境空气质量情况，如"墨迹天气""天气通""彩云天气""云云天气""最美天气"等；另一类则专门用于发布空气质量状况，如"空气质量发布"。各种手机软件发布的空气质量信息让人眼花缭乱。如同一时间预报的重庆市北碚区的空气质量指数出现了至少四种版本，指数集中在 60 ~ 101。通过进一步调查发现，部分软件标明了自己的数据来源，如数据来源于中国环监总站；有的在应用介绍中显示：数据来自国家生态环境部和各省生态环境局，实时更新；有的则来自全市平均空气质量指数。有的标注发布时间、更新时间等信息，有的则并没有标注。环保监测的污染物主要涉及 PM2.5、PM10、SO_2、NO_2、O_3 和 CO 六种，有些软件根据自身情况进行选择，如有些商业网站发布的空气质量指数主要依据 PM2.5，所以当其他污染物如 O 的浓度超标时，就难免出现与生态环境部门发布数据不一致的情况。此外，不少应用软件带有明显的商业目的，比如推销空气净化器等，因此不排除故意夸大的可能。[1] 由于出现如此多不同数值环境空气质量指数，部分公众产生数据信息难免与直观感受不符。

---

[1] 励漪，余荣华，陈亚楠，等 . 环保 APP，数据打架该信谁？[N]. 人民日报，2013-12-09.

四、环境信息公开发布的监督机制缺失

随着以《中华人民共和国环境保护法》的修订为代表的一系列法律法规的出台，我国的环境信息公开将迎来新的局面。虽然我国已有相关法律法规、制度规则，可以对政府信息公开进行监督，但是由于制度建设滞后，其难以发挥作用。《中华人民共和国政府信息公开条例》明确要求各级政府应当建立健全政府信息公开的考核制度、社会评议制度和责任追究制度，但是这些制度还停留在理论层面，各级政府可能有意无意拖延"激活"。由此产生了那些滥用"三需要"或采用各种方式和"技巧"不愿公开、不能有效公开环境信息的政府部门和工作人员，公众从制度上还没有有效途径和方式加以应对。实践中存在大量案例按规定可以正常获取环境信息但在实践中却难以正常获得，这迫使公众不得不采取提起行政诉讼的方式获取。以我国第一例环境信息公开公益诉讼案件——"中华环保联合会诉修文县环保局案"为例。2011 年 10 月 12 日，中华环保联合会诉贵州好一多乳业股份有限公司水污染侵权纠纷一案，经贵州省清镇市环保法庭立案。基于案件需要，中华环保联合会通过特快专递方式向修文县环保局提交了政府信息公开申请，请求公开贵州好一多乳业股份有限公司有关环境信息，修文县环保局在收到该信息公开申请表后，一直未按照《中华人民共和国政府信息公开条例》和《环境信息公开办法（试行）》的规定答复中华环保联合会的政府信息公开申请，也未向其公开所申请的信息，申请人不得不向清镇市人民法院环保法庭提起环境信息公开公益诉讼。因政府的环境保护主管部门拒绝提供相应环境保护信息或者提供环境信息不能令人满意而引发的信息公开诉讼，在国内的河北武邑、湖北武汉、山东德州等地多次出现。

目前，我国还没有正式建立官方的信息公开监督制度，虽然一些地方政府进行了信息公开考核和责任追究方面的尝试，在社会评议方面一些民间的环境保护组织也定期推出一些信息公开评价指数，但是

从国家层面上看，还没有正式、全面和可操作性强的信息公开内部外部监督方式。对行政机关及其工作人员不按照相关法律法规的要求提供信息公开的行为，各种商业应用软件自行发布环境信息的行为国内还没有有效的考核、评议和责任追究制度。

第三节 环境信息公开制度在空气质量信息方面的完善

虽然《环境信息公开办法（试行）》失效，但是《中华人民共和国环境信息公开条例》正在制定过程中。目前，我国环境信息立法正在提速，政府部门不应仅被动回应人们对信息资源的需求，更应发挥能动作用，主动使用各种方式管理或改变信息流向。

一、丰富和增加环境信息公开的内容和频次

我国的环境空气质量信息公开内容和频次还有待丰富和增加。生态环境主管部门对城市空气质量日报上现有的空气质量指数、级别和首要污染物等基础上逐步增加内容。各省的环境空气质量生态补偿管理办法通常只涉及部分大气污染物，补偿结果的公布时间也多为按季度公布。《山东省环境空气质量生态补偿管理办法》2020 年的修订将大气污染物的种类增加到 5 种，分别是细颗粒物（PM2.5）、可吸入颗粒物（PM10）、二氧化硫（SO_2）、二氧化氮（NO_2）、臭氧（O_3）。《四川省环境空气质量激励考核办法》涉及的空气污染物则增加了一氧化碳（CO），达到了 6 种。一些省份的环境空气治理生态补偿办法自实施以来一直是可吸入颗粒物 (PM10) 和细颗粒物 (PM2.5) 两种，应当适度增加。在环境空气质量生态补偿结果的公布频次上，大多数省份是按季度公布，《四川省环境空气质量激励考核办法》规定按月将环境空气质量目标任务考核完成情况和变化情况等环境信息通知到有关单位。这些做法丰富和增加了环境信息公开的内容和频次，其既涉

及各种大气污染物排放情况的公开，也涉及各级主管单位的环境监管公开。环境信息公开的推进，既可以推动各级政府主管部门针对性地强化监管，也有利于社会公众加强监督。

二、取消政府环境信息公开对申请人申请目的的限制

公众日益增长的环境信息需求与目前各级生态环境部门的政府信息公开工作还有较大差距。公众向生态环境主管部门和其他行政机关申请获取政府环境信息的情况经常发生，主要是由于政府环境信息主动公开信息不及时、不充分，相关平台向社会提供的环境信息有限。目前的环境信息公开是以限定性的、列举式的公开方式为基础建构的，[1] 没有明确体现"法无禁止即可为"的法治精神。

从全球范围来看，以《奥胡斯公约》为代表的多个国际条约和大量环境保护做得较好的国家都主张不应对申请人范围、目的进行限制，可以说是当今世界政府环境信息公开制度的主流做法。2014 年修订的《中华人民共和国环境保护法》在总则中将公众参与列为法律原则，并首次设立专章对信息公开和公众参与进行专门规定。中共中央、国务院《关于加快推进生态文明建设的意见》提出，要鼓励公众参与，保障公众知情权、监督权。时任国务院总理李克强在国务院常务会议上提到政府公开时明确表示"只要不涉及国家安全等事宜，公开是常态，不公开是例外"。

我们应当依据新的国家顶层设计、上位法的新修订的内容对《中华人民共和国政府信息公开条例》及其实施意见、相关的司法解释进行修改。环境信息一般不涉及国家安全，对其公开设置种种障碍不利于我国的生态文明建设，也不利于保障公众的知情权、参与权、监督权、举报权，应当以公众参与为本位的制度理念，而不是用政府管制的理念要求政府完善公开环境信息方面的制度建设，逐渐转向如何更

---

[1] 申进忠 . 我国环境信息公开制度论析 [J]. 南开学报（哲学社会科学版），2010（2）：48-55.

好地服务于公众参与，方便公众获取信息，满足公众需要。《中华人民共和国环境信息公开条例》可以参照《环境信息公开办法（试行）》的做法，取消公众申请信息公开时对申请人目的的限制。

三、完善环境信息公开的监督机制

《中华人民共和国政府信息公开条例》及其相关办法规定了责任追究和惩罚办法，可以对在环境信息公开中滥用各种不公开或不有效公开的政府部门和官员追责并处罚，但实践中其往往流于形式，难以落实，导致公众在申请政府信息公开过程中面临各种推诿、搪塞、置之不理甚至威胁，缺乏有效监督机制制约。在行政诉讼制度还不够完善、社会接受程度较低的情况下，通过其他手段特别是强化对行政机关的监督，是更为现实的选择。监督机制比起司法诉讼更为简单、便捷，其可以减少公众投入的时间、精力和金钱，更有利于公众申请环境信息公开。完善环境信息的监督机制对于保护生态环境不可或缺。

在责任追究方面，国内各地进行了积极尝试，既有政府信息公开的法规和文件中包括可以适用于环境保护方面的综合性政府信息公开责任追究办法，如《山东省政府信息发布协调工作规定（试行）》《上海市政府信息公开规定》等；也有出台专门的环境信息公开责任追究办法，如贵州省环保厅2014年出台的《贵州省环境保护厅政府信息公开责任追究制度》。无论是综合性规定还是专门性规定，其出台都方便了对环境保护部门及其工作人员在信息公开工作中存在的违法违规行为进行追责，追责和惩罚的方式包括公开道歉、责令改正、通报批评、行政处分等。在环境信息公开的社会评议方面，多个省份在综合性的政府信息公开的法规和文件中建立了社会评议制度，适用于政府环境信息公开的社会评议。一般而言，申请公开的政府环境信息社会评议包括三个方面：一是评估某地区一个年度所有政府信息公开申请答复书；二是通过实践调研对一年来未收到过或收到过少量申请的部门开展实测；三是通过事先设计的申请人调查问卷对所有参加实测的申请人以及某年度实际申请过政府信息的申请人开展调查。[1] 对于评议结果，山东省规定政府信息公开工作社会评议结果连续两年为不满意等级的，应责令改正并通报批评，取消当年评先选优资格；造成严重后果或不良影响的，对直接负责的主管人员、直接责任人员应当依照法规和规定追究责任。

　　环境信息公开的重要性日益凸显，我国生态环境部目前在制定专门的《中华人民共和国环境信息公开条例》。我们可以以此为契机，对《中华人民共和国政府信息公开条例》在生效后环境信息公开面临的各种问题，尤其是在政府环境信息公开方面存在的公开内容、公开频次、公开监督等方面进行修改和完善，以期进一步推动政府信息公开工作的开展，强化环境信息公开制度建设。

---

[1] 肖卫兵.基层政府信息公开社会评议报告：以上海市X区为例（2014）[M].北京：经济日报出版社，2014：15.

第六章　环境空气质量约谈制度

　　约谈是一种制度创新，其作为监管规制手段在土地、住房、食品安全、税务、价格、互联网监管等众多领域得到了广泛运用。约谈的兴起体现了服务型政府与柔性执法的现代法治理念，改变了此前倚重的管理型政府、命令强制方式，逐渐转向柔性、多元的执法方式。国外法社会学调研考察表明，被监管对象往往很少知晓法律的具体监管要求，被监管对象通常要依赖于监管方通过现场执法的方式明确具体依循事项，双方的磋商过程围绕如何实现规制遵从展开，监管方通过约谈教育方式来帮助被监管对象，非正式化的规制遵从模式往往比正式的惩戒机制更为有效。[1]我国的生态环境监管已经正式引入约谈制度，而环境空气质量保护领域的约谈发展较为迅速，制度相对成熟。

第一节　环境约谈的规范变迁

　　《中华人民共和国环境保护法》在 2014 年的修订强化了地方政府环境保护义务，要求地方政府对当地环境质量负责。2015 年修订的《中华人民共和国大气污染防治法》第二十二条则在对新增重点大气污染物排放总量的建设项目环境影响评价区域限批规定时，同时规定了环境保护主管部门可以约谈大气环境治理不力地区的政府负责人。

---

[1] Fairman Raboy, Yapp Charlotte. Enforced self – regulation, prescription, and conception of compliance within small business: the impact of enforcement[J].Law & Policy, 2005, 27（4）: 491–519.

我国首次对约谈进行正式界定是在环境保护部门于 2014 年 5 月制定的《环境保护部约谈暂行办法》。该办法规定，约谈是指环境保护部约见未履行环境保护职责或履行职责不到位的地方政府及其相关负责人，依法对其进行告诫谈话、指出相关问题、提出整改要求并督促整改到位的一种行政措施。2020 年 8 月生态环境部对《环境保护部约谈暂行办法》进行了修订，形成了《生态环境部约谈办法》。《生态环境部约谈办法》中的约谈，是指生态环境部约见未依法依规履行生态环境保护职责或履行职责不到位的地方人民政府及其相关部门负责人，或未落实生态环境保护主体责任的相关企业负责人，指出相关问题、听取情况说明、开展提醒谈话、提出整改建议的一种行政措施。通过两个办法中对约谈界定的对比，我们可以发现两者的基本性质不变，都被定义为行政措施，但在约谈适用对象、约谈内容、适用方式上有较大变化。对于环境空气质量问题，两种办法都可以直接涉及。《环境保护部约谈暂行办法》第三条直接规定了"未完成或难以完成污染物总量减排、大气、水、土壤污染防治和危险废物管理等目标任务的"应当进行约谈。《生态环境部约谈办法》虽然没有像前者那样直接提及大气污染，但在第五条概括性规定，未完成国家下达的环境质量改善目标任务的情形或超过国家重点污染物排放总量控制指标应视情况进行约谈。各地环境空气质量生态补偿办法中的地方环境空气质量相比改善目标、优良天气天数指标，属于环境质量改善目标。

环境约谈被视为一种新型的环境法实施机制。《中华人民共和国大气污染防治法》（2015）中的规定将其视作一种上级政府向下级政府传导环境保护压力的行政措施。《环境保护部约谈暂行办法》最初规定的约谈对象是地方政府及其相关部门有关负责人，而修订的《生态环境部约谈办法》在第二条也规定，生态环境部约见未依法依规履行生态环境保护职责或履行职责不到位的地方人民政府及其相关部门负责人，并在第六条进一步规定根据约谈对象的行政级别进行分类约谈。对于市（地、州、盟）人民政府，约谈对象为政府主要负责同志，并可邀请省级生态环境部门负责同志等参加；对于副省级城市的被约谈对象，则直接约谈市人民政府分管负责同志；上述两种情况如涉及省级人民政府有关职能部门责任的，还可以同步约谈有关职能部门主要负责同志。

《生态环境部约谈办法》还将约谈对象扩大为未落实生态环境保护主体责任的相关企业负责人。该办法第九条规定，对生态环境问题突出并造成不良影响的相关企业，可以约谈其董事长或总经理。环境约谈的内容也在不断丰富，从行政区内各种发生和可能发生的生态环境法律问题扩展至落实领导指示批示、环境督察整改、运动式执法、碳强度控制等多方面。在类型化方面，其可分为督政的科层制约谈和督企的市场约谈、预警性约谈和事后问责式约谈等。有学者进一步总结了行政约谈，提出了决策参谋型、纠纷协调型、违法预警型、执法和解型、督办处罚型五种模式。[1]

约谈规范的变迁对各地环境空气质量生态补偿法律机制也产生了直接影响。目前各地的环境空气质量生态补偿管理办法主要是从整体上关注各地的环境空气质量的同比改善情况，将政府视为义务主体。一些地方政府在其制定的管理办法直接规定，环境空气质量治理水平长期滞后的地方政府也可以采取约谈领导人的处理方式。如《芜湖市环境空气质量生态补偿暂行办法》规定，可以对空气质量考核排名靠后的镇、街道进行约谈，可以对空气质量出现下滑的相关县、市、区进行预警。

第二节　环境空气质量约谈有待进一步法治化

生态环境部门制定的约谈制度在大气污染治理领域得到了广泛运

---

[1] 孟强龙. 行政约谈法治化研究 [J]. 行政法学研究，2015（6）：99-118.

用，短短几年时间就出现了大量约谈案例，约谈频率最高的是空气污染。[1]《中华人民共和国大气污染防治法》虽然率先在法律层面上规定了约谈，但只在规定环境影响评价限制批准制度时提到约谈，并非是对约谈的专门性规定。《生态环境部约谈办法》比此前的《环境保护部约谈暂行办法》有所改进，为环境约谈制度提供了法律依据和约谈流程，但是该办法作为部门规章，法律层级不高。因此，环境约谈制度有待进一步完善。

一、法律定位模糊

目前，我国的法律法规对环境行政约谈的定位多样，行政约谈从法律上看属于警告式谈话，不具有法律强制力，严格来看，行政机关不能从法律上强制约谈对象出现。在环境保护执法约谈领域，有学者认为，环保行政执法约谈属于准行政行为，其在本质上属于行政契约，因为约谈主体之间可根据现实需要，创设新的、具有约束性权利与义务的法律关系，甚至可以包含与现有法律不一致的内容。[2]也有学者提出的观点认为，环境行政约谈分为约谈行为本身和整改意见，前者属于行政事实行为，后者属于行政指导行为，就整体而言属于类行政指导行为。[3]行政指导与行政处罚相结合，目的在于促进各方履行环境治理义务，推动环境治理合作。

可见，行政约谈的法律性质属于事实行为还是法律行为？是行政监督、行政指导行为还是行政契约行为？在基本法律定位上还存在较大争议。正是由于基本定位上的模糊不清，行政约谈在实践中并不统一，甚至出现许多矛盾和冲突。有些行政机关名义上以环境行政进行约谈实则进行行政干预，对于下级政府和部门的正常行政管理活动过

[1] 孙昕聪，黄靖，魏姝. 环保约谈机制对政策执行效果的影响：基于40个地级市空气治理案例的比较分析 [J]. 城市问题，2020（11）：68-81.

[2] 王利. 我国环保行政执法约谈制度探析 [J]. 河南大学学报（社会科学版），2014，54（5）：62-69.

[3] 郭少青. 环境行政约谈初探 [J]. 西部法学评论，2012（4）：1-8.

多过早干预，对市场主体的市场行为进行过度干预。有些行政机关认为约谈的对象既然包括下级政府、下级相关职能部门和企事业单位，就可以对这些约谈对象进行混合约谈，有行政权滥用之嫌。

二、选择性约谈问题

虽然行政约谈的法律定位还存在是否属于行政行为，以及属于行政监督还是行政指导的争议，但这并未影响环境行政约谈的大量实践。从前述的约谈办法、约谈制度我们可以看到，约谈在程序上还比较简单，通常由生态环境主管部门提出并出面操作，虽然有些行政约谈是以地方政府名义提出，但实质上是生态环境主管部门进行具体操作，行政机关可以基于自己确定的标准选择约谈对象进行约谈。实践中，在环境污染问题普遍严重的情况下，约谈对象的选择也容易引起争议。如环境保护主管部门在 2016 年 4 月就第一季度空气质量明显恶化问题，根据《环境保护部约谈暂行办法》对陕西省咸阳市、山西省长治市、安徽省安庆市、山东省济宁市、河南省商丘市 5 地市政府主要负责人进行约谈。而 2016 年四季度雾霾的影响范围涉及我国北部、东部、中部地区的大部分省份，是当年范围最广、持续时间最长、强度最强的霾天气。[1] 强霾过后一些经济发达地区的城市领导却没有被行政约谈，这被一些网民批评为"选择性约谈"。

三、约谈的强制化

被约谈对象接到通知后，应当准备书面材料，准时参加约谈，还应就被约谈事项进行说明，并按照生态环境主管部门会后制定的会议纪要进行整改落实。通常对被约谈对象整改落实情况的后续监督工作很难有效进行。基于现代社会生态环境问题的特点，要认识到环境问

---

[1]　张蕾 .24 城启动重污染天气红色预警响应 [N]. 光明日报，2016-12-20.

题的复杂性、多样性，对环境问题所做的分析不能过于简单，解决环境问题的思路和对策不能过于理想化。[1]在生态环境主管部门的职责划分上，约谈往往由督察部门负责。约谈不是问责，而是行政引导、准具体行政行为。目前环境约谈出现了强制化、过度化的异化倾向，亟须被纳入法治化轨道。约谈应从协商性、程序性等方面加强"软法"色彩更强的劝导模式。如一些地方要求被约谈单位应当在约谈后一个月内，将约谈落实情况报省生态环境局及相关部门，要求被约谈对象一个月内落实情况并提交书面报告，但没有区别不同情况，也没有弹性规定，看似雷厉风行实则难以有效落实，过于简单化、理想化。

另一方面，权力具有易于扩张的天然属性。环境行政约谈的报批、启动和组织实施程序往往由环境保护主管机关单独制定，在对外公开和接受监督方面有所欠缺。"没有程序保障的情形下，说服极易变为压服，同意也成了曲意迎合。"[2]环境行政约谈的实践中确实存在类似情况，环境行政约谈的范围规定很宽，行政机关可以就可能发生的生态环境问题、尚未发生的污染物总量控制难以控制等情况进行行政约谈。在约谈的全过程中，上级行政机关显然完全掌握了主动权。理论上被约谈对象虽然可以不参加约谈，但实践中往往不得不在上级政府的压力下"识大体""顾大局"。目前只有少数的环境行政约谈对外公布相关信息并邀请媒体代表列席。如《山东省环境保护约谈办法》规定，"约谈应对外公布相关信息并可视情邀请媒体代表列席"。如何邀请媒体代表参与约谈？约谈对象的选择是否适用统一标准？被约谈对象的正当权益是否得到保障等问题往往难以顾及，易成为被忽视的对象。

---

[1] 郭兆红.认识和解决环境问题应摒弃"环境想象"[J].南京林业大学学报（人文社会科学版），2016，16（4）：79-87.

[2] 季卫东.法律程序的意义[M].北京：中国法制出版社，2004：89.

第三节　环境空气质量约谈制度的完善

一、不同约谈对象应内外有别

环境空气质量行政约谈目前受到了广泛重视，已有一些实践案例。本书认为，基于目前的《中华人民共和国环境保护法》对环境约谈并无明确规定，而《中华人民共和国大气污染防治法》对此的规定较为简略，根据行政谦抑性的需要，应该对环境空气质量行政约谈的对象进行一定约束，对行政机关与企业分别进行规定。虽然约谈对象扩大到了企事业单位以及其他污染排放者等市场主体，从防治大气污染、保护空气质量的角度看效果明显，但其法律上的争议仍很显著。本书主张，在环境空气质量生态补偿领域，上级政府应当向未能实现相关地方政府规章所规定的空气质量逐步改善的地方政府征收补偿金，上级政府及其行政部门也可以对相关地方政府及其行政部门进行环境行政约谈，但约谈对象应限于行政机关，不能增加该地方的市场主体，以保持行政权力的谦抑性，避免扩权的冲动，防止过度的市场干预行为。

在 2014 年环境保护基本法修订后，我国生态环境立法的重心从此前的以企事业单位和其他排放者转变为"监企督政"并重。这一转变更加贴近生态环境保护的客观实际，也可以更好地明确地方政府环境保护义务和责任，但二者在性质、地位和作用上不同，应当适当区分。我国应在前期部门和地方法规的基础上加快对环境行政约谈进行立法，厘清其基本法律问题，明确法律关系。在此之前，应当对约谈对象进行区分。

二、强化对环境行政约谈的监督

在将空气质量生态补偿的行政约谈对象限于行政机关后，还应当修订完善相关法律法规，对环境行政约谈的方式、手段、途径、范围进行全面规定。如在约谈对象的选择上，应当全面考虑选择具有代表性、典型性的约谈对象，不能"欺软怕硬"，选择性执法。限制上级政府权力行使的随意性，明确约谈对象的权利义务，强化对环境行政约谈的监督，应当全面落实对环境行政约谈的公开措施，防止环境行政约谈的随意性。在环境行政约谈中强化媒体与公众的全面参与，提高环境行政约谈的公开性。目前的环境空气质量行政约谈只在少数情况下邀请了少量媒体，一些地方的约谈规定甚至没有邀请公众参与的要求，应强化对环境行政约谈的公开和监督，允许外部的新闻媒体和公众参与，明确邀请外部媒体和公众参与的标准和条件，争取做到除涉及国家秘密、商业秘密和个人隐私外的环境行政约谈都应对外公开，允许各种媒体报道和公众参与。在对被约谈对象落实情况的监督上，我们应当针对约谈事项的差异，建立多样化的落实情况报告制度，对于那些经过约谈后承诺整改的地方政府及其行政部门的落实情况，进行长期关注和监督。将环境行政约谈与各级政府环境保护目标责任制、党政领导干部生态环境损害责任追究办法和细则有效衔接。对那些经过环境行政约谈后，依然不重视改善地方环境、整改落实不力等，造成生态环境问题反复出现的地方政府及其行政部门的领导进行追责。

随着生态补偿理论和实践的推进，特别是中央《关于深化生态保护补偿制度改革的意见》提出"鼓励地方探索大气等其他生态环境要素横向生态保护补偿方式"后，企业参与横向市场化的大气生态补偿后，生态环境约谈对象也会涉及企业。

第七章　环境空气质量生态补偿市场机制

　　2021 年中共中央办公厅、国务院办公厅印发的《关于深化生态保护补偿制度改革的意见》提出的改革目标是：到 2025 年"以受益者付费原则为基础的市场化、多元化补偿格局初步形成"。其在建立健全横向补偿机制方面专门提出"鼓励地方探索大气等其他生态环境要素横向生态保护补偿方式"。通过合理界定各方生态环境权利和义务，按照生态文明建设的需要，通过多元化、市场化的方式，激发全社会参与生态补偿的积极性。目前，我国 90% 以上的生态补偿资金来自各级财政资金，[1] 各级政府在我国的生态补偿实践中发挥了主导作用，在环境空气质量生态补偿法律机制方面尤为明显。各地的环境空气质量生态补偿法律机制在性质上属于依靠上下级政府之间的行政隶属关系推动的纵向补偿。各地现有的补偿实践还缺乏对没有直接隶属关系的不同地区通过协商、按照市场规则进行环境空气质量生态补偿，也鲜见市场主体直接参与环境空气质量生态补偿法律关系的事例。

第一节　缺乏横向市场机制

　　目前的环境空气质量生态补偿法律机制被界定为一种科层制式的纵向行政生态补偿。借用山东省环境科学规划院谢刚院长的话来描述

---

[1]　寇江泽. 完善生态补偿，共护绿水青山 [N]. 人民日报，2021-09-22.

该省空气质量生态补偿法律机制的设置思路就是，"各城市的空气质量同比改善了的，省财政拿钱；恶化了的，向省财政交钱"。以政府为主体的纵向行政生态补偿简单、直接、迅速，能够借助行政管理上的隶属关系快速适用，能比平等主体之间的协商、谈判、协议更快地发挥作用。在横向的空气质量生态补偿方面，虽然在 20 世纪 90 年代就有人提出"为京津保水源、阻沙源，为河北增资源、拓财源的京津冀生态公益林补偿机制"[1]。雾霾天气发生后，京津冀大气污染生态补偿机制备受关注。京津冀地区日益严重的大气污染问题促使理论界开始重新思考生态补偿制度，尤其是区际生态补偿制度在解决京津冀区际大气污染问题上可能具有的制度功效。[2] 虽然其在理论层面的探讨持续多年，但实践中一直处于"只听楼梯响，不见人下来"的状态。

因跨越不同的省级行政区，单由某个省级层面出台办法无法解决影响整个区域的问题，其需要区域协调联动，同级行政单位广泛协商。关于补偿的标准、补偿的方式、补偿的保障措施等一直都难以达成共识，雾霾日益严重但仍属于区域性问题，没有成为普遍性、重大的生态环境问题，还无法由中央政府采取行政立法的方式解决。作为涉及相关省份重大利益的局部问题，其难以由中央政府直接通过行政命令予以推动，《中华人民共和国环境保护法》在涉及生态保护补偿制度时，也只规定国家指导不同地区进行生态补偿。在国家相关部委的指导和协助下，多个受益省份已经与生态保护地区省份在流域横向生态补偿领域的合作实现突破。2011 年 11 月，全国首个跨省流域生态补偿机制试点在涉及安徽、浙江的新安江流域启动。随后在国家生态环境主管部门、财政部门的大力推动下，陆续出现了广东省与福建省、广西壮族自治区分别签署汀江 - 韩江流域、九洲江流域水环境补偿协议；广东省与江西省的东江流域上下游横向生态补偿协议；重庆市与湖南

---

[1] 刘玉凡，王春轶，岳树民 . 关于生态公益林补偿机制的探讨 [J]. 中国林业，1998（6）：34.

[2] 程玉 . 论我国京津冀区际大气环境生态补偿：依据、原则与机制 [J]. 中国环境法治，2015（1）：15-26.

省的酉水河横向生态补偿协议等多个流域上下游地区横向生态补偿的有益尝试。黄河流域率先建立的省际间横向生态补偿机制是在山东省与河南省签署的《黄河流域（豫鲁段）横向生态保护补偿协议》中提出的。其与此前的新安江流域、东江流域的上下游跨省流域生态补偿类似，是黄河流域第一份省际横向生态补偿协议。根据协议内容，其实施范围为河南省、山东省黄河干流流域（豫鲁段），其中河南省为上游区域、山东省为下游区域；实施期限为 2021 年至 2022 年，协议到期后，由两省根据补偿机制运行评估情况及国家要求，另行协商后续事宜；最高资金规模 1 亿元，分为水质基本补偿和水质变化补偿两部分。该协议对豫鲁两省拓展生态领域合作，健全完善"保护责任共担、流域环境共治、生态效益共享"的横向生态补偿机制具有重要意义。[1]流域横向生态补偿机制目的不仅仅是追求资金补偿，获得经济利益，而且是通过深化生态环境保护制度改革，增强对流域保护和治理的支撑、保障，发挥激励约束作用，激活各级政府运用行政、市场手段治水的内在动力。可以预料，随着时间的推移，国家层面将会出台更多的横向生态补偿意见。在环境空气质量生态补偿方面，《关于深化生态保护补偿制度改革的意见》已经明确提出，鼓励地方探索大气横向生态补偿的要求，各地方需要加大力度，加快速度推动正式的横向生态补偿法律机制出台。

第二节　排放主体与补偿主体分离

　　属地式的生态补偿是以地方为单位，由地方政府代表整个地方，以改善地方生态环境为目标的生态补偿；属人式生态补偿是直接在排放主体之间进行的补偿。从生态补偿的法律形式上看，生态补偿包括行政补偿与民事补偿，[2] 从生态补偿主体之间有无行政隶属关系和资

---

[1] 豫鲁签订黄河流域首份省际横向生态补偿协议 [J]. 中国环境监察，2021（5）：9.

[2] 黄锡生，张天泽. 论生态补偿的法律性质 [J]. 北京航天大学学报（社会科学版），2015，28（4）：53–59.

金流向来看，生态补偿可以分为横向补偿和纵向补偿。目前正在实施的空气质量生态补偿法律机制均为行政补偿，且均为纵向行政生态补偿。各省出台的空气质量生态补偿的暂行办法都是以政府规章名义出现，要求下辖的地方政府作为补偿主体参与其中。例如，山东省是省内设区的市，河南省是省辖市和省直管县（市）。河北省虽然没有出台省级层面的空气质量生态补偿办法，但是石家庄、邯郸等市出台的办法中，市辖的区、县（市）政府是主体。这些规定涉及的主体虽然行政级别不同，涉及厅局级的市、州和处级的市、县、区，都是省级辖区内的地方政府。然而，从理论上分析生态补偿的界定，尤其是法学界定可以看出，所谓的"生态环境的破坏者"和"生态环境保护者"从逻辑上看包括企事业单位、其他生产经营者、公民个人和地方政府。国内外关于生态补偿实践中，也有大量关于企事业单位、其他生产经营者、公民个人和地方政府一样参与生态补偿的法律机制，例如"退耕还林"、森林生态补偿、草原生态补偿、流域生态补偿[1] 等。目前，我国的空气质量生态补偿只存在行政补偿，且为上下级政府之间的纵向行政补偿，在参与主体上范围较窄。

大气污染成因的研究成果普遍认为，工业排放、机动车排放、工地扬尘、农村焚烧秸秆、城市餐饮油烟、外来污染等是城市空气质量下降的重要原因。这些成因对不同地区的影响还存在一定差异，但通过总结分析可以了解到，上述内容基本上涵盖了目前我国大气污染的基本成因。由此，我们可以看到，大气污染物的排放主体是非常多的，既有法人（如各种工厂、建筑公司、汽车公司、餐饮企业等），也有自然人（如私家车主、焚烧秸秆的农民、烧烤摊贩、城市居民等），还有外来的污染传输。目前存在的省级空气质量生态补偿的政府规章对地方政府补偿主体的定位与造成空气质量下降的大气污染物直接排

[1]　赤水河流域的云、贵、川三省按比例共同出资 2 亿元设立赤水河流域水环境横向补偿资金。按比例进行资金分配，贵州省和四川省各出资 2000 万元补偿上游云南省，以解决上下游投入和收益不对等问题。此外，通过调研发现实践中赤水河流域的一些酒厂与其采水口上游的村镇签署了水质生态补偿协议，明确了双方作为市场主体根据水质变化进行激励约束的法律权利义务关系。

放主体存在一定错位，也与《中华人民共和国大气污染防治法》中关于减少污染，保护大气环境的主体不完全相同。《中华人民共和国大气污染防治法》明确规定，企事业单位和其他生产经营者有责任采取各种措施，防止、减少大气污染；普通公民也有义务保护大气环境。因此，《中华人民共和国大气污染防治法》规定的主体既包括地方政府，也包括企事业单位、其他生产经营者和公民个人。

目前，出台的空气质量生态补偿暂行办法在主体上远比《中华人民共和国大气污染防治法》规定的主体要少。环境空气质量生态补偿主体的共同特点之一就是选择了这些行政区域内存在隶属关系的地方政府。按照《中华人民共和国大气污染防治法》的规定，环境空气质量生态补偿法律机制的主体与对环境空气质量造成直接影响的排放主体间存在明确差异。当然，这种只以辖区内的地方政府为主体的纵向行政生态补偿有其优势，能迅速、有效调动各级政府治理大气污染的积极性和主动性。但其并未直接排放大气污染物，不是排放主体，存在明确的间接性。这造成了影响环境空气质量的排放主体与对环境空气质量下降或改善负责的补偿主体分离。

在治理大气污染的其他法律规章中，通常都会涉及各种排放主体。如环境约谈制度，2014年制定的《环境保护部约谈暂行办法》将约谈对象规定为地方政府及其相关部门有关负责人，并未规定可以约谈直接向大气排放污染物的企事业单位及其他生产经营者。然而，生态环境主管部门在约谈实践中，约谈地方政府及其相关部门有关负责人时，也会一并约谈企业。据统计，2014年颁布的《环境保护部约谈暂行办法》实施以来，生态环境部先后分30余批次对逾100个地方政府、相关部门及重点企业实施了约谈。其对政府和企业进行环境约谈，在夯实生态环境保护责任、推动解决突出问题、改善环境质量等方面发挥了重要作用。有研究者通过对实践的梳理研究后发现，环境约谈显著改善了被约谈地区企业的环境绩效。[1]经过修订的《生态环境部约谈办法》

---

[1]　沈洪涛，周艳坤.环境执法监督与企业环境绩效：来自环保约谈的准自然实验证据[J].南开管理评论，2017，20（6）：73-82.

规定了约谈对象包括地方政府及其相关部门负责人，也包括对未落实生态环境保护主体责任、生态环境问题突出并造成不良影响的相关企业。该办法明确规定约谈对象扩大到相关企业的董事长或总经理等负责人。

环境约谈制度在约谈主体上的扩大及其带来的显著成效，也为环境空气质量生态补偿法律机制的主体从地方政府扩大到企事业单位和其他生产经营者提供了参考、借鉴的模板。在环境空气质量生态补偿法律机制方面，经过了多年的发展和完善，纵向的生态补偿法律关系已经比较成熟，运行的经验也较为丰富。环境空气质量生态补偿法律机制在补偿主体方面，既需要扩大至不同行政区域政府之间的横向生态补偿，也需要扩大至企事业单位和其他生产经营者等市场主体。

第三节　国外经验

目前的补偿实践中，我国与大气有关的横向生态补偿机制尚未正式出现，对此，我们可以在分析和借鉴国外类似机制的基础上，展望我国横向环境空气质量生态补偿法律机制将如何推动。美国在生态环境保护上有大量的跨州交易、州际合作，涉及水污染、大气污染、弱辐射物污染等多个方面。联邦制作为国家结构形式使得联邦政府和州之间关系复杂。美国联邦政府对州政府没有直接的命令权，但联邦政府可以通过财政方式来引导或者迫使州政府遵守和实施联邦环境法律，实施环境合作。[1]

美国的空气污染防治法在产生初期，以地方政府的单行法为主，表现出明显的分散式立法特点。如匹兹堡市 1895 年和 1906 年先后两次通过了《烟尘控制法令》。空气污染防治法在发展过程中，形成了由下而上的发展路径。从城市烟尘控制法，发展到州的空气污染控制

---

[1] 邓可祝.美国州际环境合作及启示 [J].环境保护，2012，40（18）：69-71.

法，最后才是联邦政府的清洁空气法。早期空气污染防治法针对的主要是煤烟型空气污染，主要内容是要求污染者改造锅炉，减少烟尘排放量，禁止使用高硫煤，并对违法行为处以罚款。由于空气污染的流动性、扩散性特点，这种各自为政、分散式立法难以解决区域性、复合型空气污染。[1]

20世纪上半叶美国出现了多起严重的空气污染事故，特别是"多诺拉烟雾事件"和洛杉矶、芝加哥、纽约、费城等城市陆续出现的"光化学烟雾事件"。1955年美国出台的《空气污染研究和技术援助法》是美国第一部联邦空气污染治理法。该法标志着联邦政府在空气污染治理政策上角色的转变，其将空气污染视为国家问题，主要举措是为空气污染控制研究提供联邦资助，支持各州的相关教育机构培训人员，实施研究计划。在该法模式下，地方政府在空气污染控制上承担了主要责任。然而，空气污染的流动性强，其治理超出了各州能力的范围，迫切需要联邦政府在州与州之间发挥协调作用。

一、联邦政府通过财政资助推动州政府治理空气污染

1963年美国出台了《清洁空气法》。该法的诞生是多方面因素影响的综合产物，既有《空气污染研究和技术援助法》的治理污染成效不彰的背景，也受到1962年英国制定首部《清洁空气法》带来的强烈正面效果的支持。从空气污染法到《清洁空气法》，最大的变革体现在立法的理念上。1962年美国生物学家蕾切尔·卡逊出版的《寂静的春天》给环境法理念带来的变革是颠覆性的。该书从化学药品、农药、肥料等工业产品的过度使用入手，描绘了人类活动导致的环境污染、生态破坏，最终会给人类自身带来灾难。该书详尽的阐释和独到的分析引发了美国乃至全世界关心环境的热潮。在上述因素影响下诞生的

---

[1] 谢伟.美国清洁空气法若干问题研究：从命令—控制手段的视角 [M].厦门：厦门大学出版社，2015：5–7.

美国清洁空气法摒弃了当代人以现实经济利益为中心的传统思想，确立了尊重自然生态的立法精神，追求人类和生态系统的共同利益。《清洁空气法》增加了联邦政府的拨款数额，扩大了联邦政府在解决空气污染问题上的权力范围。

然而，联邦政府的监督权和执行权相较于严峻的污染治理形势仍然较为有限，联邦政府对州政府和地方政府的消极行为不能实现有效干预。因此《清洁空气法》随后经历了 1965 年、1967 年、1970 年、1977 年、1990 年多次修正。1967 年的《清洁空气法修正案》授权卫生教育福利部建立空气质量控制区，要求各州按照联邦基准文件为本州的空气质量控制区制定环境空气质量标准，从而初步创立了美国现代空气污染控制体制的雏形。[1] 而后，美国政府于 1971 年成立了美国环境保护署，并颁布了《国家环境空气质量标准》。美国环境保护署设立环境空气质量标准，州政府负责该州具体执行工作的模式正式确立。《清洁空气法》规定的立法宗旨包括四项，其中第三项规定，对州和地方政府的空气污染预防和控制计划的发展和实施提供技术和财政援助；第四项规定，联邦政府鼓励并帮助区域空气污染控制计划的发展和运行。美国《清洁空气法》明确规定州和地方政府有责任从源头上预防和控制空气污染。该法同时规定，联邦政府的财政援助和领导在联邦、州、区域和地方上发展预防和控制空气污染的合作计划方面不可或缺。

《清洁空气法》授权美国国家环境保护局要求州政府为达到联邦标准而制定实施计划。各州的实施计划须经过美国国家环境保护局的审批。如果州实施计划通过美国国家环境保护局的审批，联邦政府可以对该州支付高达 80% 的用于设计和维持实施计划的运行费用。如果州政府未在限期内上报实施计划或上报计划不合法律规定，美国国家环境保护局可为该州制定实施计划并要求该州执行。如果该州未执

---

[1] 王曦. 美国环境法概论 [M]. 武汉：武汉大学出版社，1992：245-246.

行自定的或美国国家环境保护局为其制定的实施计划，美国国家环境保护局可以亲自执行该计划或对直接违法者采取执行措施。[1] 联邦政府主要通过为州政府的实施计划提供财政资助，确保各州按照《清洁空气法》的规定落实其政府义务，只有在州政府未执行实施计划的条件下，美国国家环境保护局才可以直接执行或对违反者采取相关措施。美国国家环境保护局通过财政拨款的方式撬动州政府积极达到联邦政府制定的环境质量标准，这种纵向的财政资助模式不同于传统的"命令－控制"型污染治理方式，其也被一些学者称为"创造性的联邦主义"。

二、通过排放配额推动各州的跨界空气污染治理

大气污染物不会遵守人为划定的政治法律边境，其顺着风向移动的特点使得美国东部地区各州大气污染物的"溢出效应"明显。大气污染物跟随盛行风从美国中西部跨越州界来到大西洋中部，沿着东海岸北上，到达特拉华州和纽约州之间被称为"美国的排气管"地区。对于跨州空气污染问题，1970 年的《清洁空气法》首次规定了各州实施计划的影响超出本州时的通知义务。该法规定当州涉及每一个可能显著影响大气质量的新建或改建污染源，本州应当向附近其他州提供有关大气污染的书面通知，且该通知至少应在该污染源获得州许可开工建设之日 60 天前做出。1990 年的《清洁空气法》开始在程序性通知基础上进行实质性的应对，该法第 176 条 A 款规定，如果某种空气污染物从一个州跨界流动，导致另一个州的部分或全部该种污染物不达标，则美国国家环境保护局局长可以建立一个包含该种空气污染物传输范围的空气污染物控制区。美国国家环境保护局就曾针对华盛顿大都市区空气质量，建立了针对臭氧的空气污染控制区。

美国国家环境保护局的清洁空气州际规则涉及烟尘（细颗粒物）

[1]　王曦. 美国环境法概论 [M]. 武汉：武汉大学出版社，1992：248.

和烟雾（臭氧）的区域性州际传输。清洁空气州际规则要求美国东部27 个州和哥伦比亚特区减少二氧化硫和氮氧化物（NO_X）的排放。二氧化硫和氮氧化物排放物会在大气中发生反应并导致细颗粒（烟灰）污染，氮氧化物也会形成地面臭氧（烟雾）。这些排放物以及它们形成的烟尘和烟雾会影响本地、周边地区和处在数百英里外的下风向州的空气质量和公共卫生。为了实现符合成本效益和通过灵活的方式实现减排，美国国家环境保护局基于清洁空气州际规则建立了各州可以选择参与的控制和交易系统。从 2015 年 1 月 1 日起，清洁空气州际规则被跨州空气污染规则 (Cross-State Air Pollution Rule, CSAPR) 取代。美国国家环境保护局 2011 年确定了跨州空气污染规则，以解决处在上风向的州的跨越州界并影响处在下风向州的空气污染问题。这些措施是依据《清洁空气法》第 110 条——"睦邻条款"。该条规定美国国家环境保护局和各州政府协力合作制定州际区域传输实施计划，处在上风向的各州必须采取有力控制措施，避免处在下风向的各州因传输影响而无法实现大气质量达标。"睦邻条款"的核心是控制排放许可总量和交易制度，对超量排放地区及处在上风向区域的电力企业采取二氧化硫和氮氧化物排放总量进行有效控制，将区域排放列入整体减排目标，限制排放许可量。

跨州空气污染规则要求美国东部某些州通过减少本州发电厂的烟雾和烟尘污染物排放，防止这些污染物跨州界线影响处在下风向的州改善空气质量。这些改进有助于处在下风向的各州达到国家环境空气质量标准。跨州空气污染规则取代了美国国家环境保护局此前的清洁空气州际规则。根据 2008 年美国法院的判决，其要求美国国家环境保护局发布一个替代性法规。于是跨州空气污染规则于 2015 年 1 月 1 日开始实施。[1] 该规则包括确保每个州将履行其污染控制义务的条款。

美国国家环境保护局制定的跨州空气污染规则下的排放交易规则

---

[1] 卞蕾，万薇. 美国睦邻条款的演进和完善 [N]. 中国环境报，2021-01-18.

通过排放预算给包含的每个州设定了排放污染物的限制。该规则为受影响的污染源地区提供了行动的灵活性，允许每个州根据污染源确定自己的合规路径，包括添加或运行控制技术、升级或改进控制、转换燃料和使用配额。只要每个污染源地区具有足够的配额以便在履约期结束时计算污染物排放量，就可以买卖配额和保存配额以备将来使用。

在美国国家环境保护局监督下，美国东部各州必须使用以下两种合规选项之一来实现减排：满足清洁空气州际规则要求，或通过各州选择的措施来满足各州的排放预算。所有受影响的州都选择通过三个独立的州际限额和交易计划来控制电厂排放来满足其减排要求：清洁空气州际规则二氧化硫年度交易计划、清洁空气州际规则氮氧化物年度交易计划和清洁空气州际规则氮氧化物臭氧季节交易计划。

跨州空气污染规则重新计算了上风向地区排放的氮氧化物的要求，并通过四步程序建立了一个基于市场的排放交易系统。第一，美国国家环境保护局确定了所有未达到国家环境空气质量标准的州。第二，美国国家环境保护局通过筛选排除任何对处在下风向的州的氮氧化物总量贡献小于1%的处在上风向的州，确定明显干扰处在下风向州的上风向州。第三，美国国家环境保护局为每个州计算了必要的氮氧化物减排量，以消除对处在下风向州的超过国家环境空气质量标准造成重大干扰。第四，美国国家环境保护局"通过计算在1400美元/吨的成本下出现的排放量"，并将总预算划分为可交易的配额，创建了各州氮氧化物预算。如果各州的排放量低于到国家环境空气质量标准要求，可以通过市场交易出售氮氧化物配额。或者各州可以通过购买额外配额，排放达到其年度国家环境空气质量标准的121%。跨州空气污染规则提供了一个州际市场，通过允许各州减少或交易相对于其成本的排放量来降低跨州空气污染物的总水平。

第八章　尾论

十九大报告指出，我国的主要矛盾已经转化为人民日益增长的美好生活需要和不平衡不充分的发展之间的矛盾。这种美好生活的需要包括物质、精神方面的满足，也包括生态环境方面的需要。在强化生态文明建设，满足人民对美好生态环境的需要的同时，报告强调了"坚持全民共治、源头防治，持续实施大气污染防治行动"，也提出要"建立市场化、多元化生态补偿机制"。因此，能够体现这两方面的环境空气质量生态补偿法律机制在今后的发展是必然的。

据统计，2020年1—9月全国地级及以上城市空气质量优良天数比例为87.2%，2020年底实现了阶段性目标，"十三五"规划纲要确定的生态环境保护领域9项约束性指标全面完成。在此期间，生态环境保护各项工作取得重要进展，规划纲要确定的主要目标任务已经基本完成，是迄今为止生态环境质量改善成效最大、生态环境保护事业发展最好的五年。[1]在控制大气污染，提升环境空气质量问题上，我们不仅要通过立法加大治理力度和提升执法能力，更要积极推进激励型的"胡萝卜"政策，通过生态环境奖励、补贴等方式引导地方政府和企事业单位增加环境治理投入和进行环境保护改造，从前端和源头解决大气污染问题，改善地方政府、企业的生态环境绩效，从而提升并保持各地的环境空气质量。

---

[1] 曹红艳.生态环境保护主要目标任务基本完成："十三五"我国生态环境质量总体改善[N].经济日报，2020-10-22.

激励、惩戒、组织管理作为法律的三大功能，犹如鼎之三足 [1]。环境空气质量生态补偿法律机制的发展完善也可以从激励、约束、管理三个功能入手。

第一节　激励机制

生态保护补偿，本质上是一种"增益型补偿"，是指对做出生态保护贡献，或者因保护生态而牺牲发展机会的个人和组织，由政府或特定生态受益者按照一定的标准对其进行合理补偿，弥补其保护支出或机会损失。本书通过考察国外对生态补偿概念的认识，发现其与"生态服务付费"基本上是同义语。[2] 生态服务付费是对增进生态价值的生态保护和服务者提供付费补偿的机制，与我国的"生态保护补偿"含义大致一致，是对生态保护主体环境正外部性行为的补偿。

环境空气质量生态补偿法律机制坚持用经济手段推进大气污染防治的实施攻坚，采取根据环境空气质量同比改善状况进行激励的方式，推动地方政府全面落实国家法律政策，实行这种措施的目的是改善当地空气质量。这种机制在实践中重在通过激励推动绿色发展，也因此被称为生态保护补偿。目前我国对生态保护补偿的重视程度较高，许多法律和政策均以生态保护补偿指代整个生态补偿。

环境空气质量的改善应立足长远，相关机制属于长期机制。自2014年环境空气质量生态补偿法律机制颁布以来，《山东省环境空气质量生态补偿暂行办法》针对实施中出现的各种问题，已经进行了三次修改，《河南省城市环境空气质量生态补偿暂行办法》颁布以来也

---

[1]　倪正茂．激励法学探析 [M]．上海：上海社会科学院出版社，2021：35．

[2]　生态补偿作为一个新概念第一次被正式提出，是在国际森林研究中心（CIFOR）2005 年出版的关于《环境服务支付：一些基本要素》一书中。该书将受益人支付给土地所有者或管理者，希望被支付人采取行动，以保持特定土地生态服务数量和质量的生态补偿机制，其被称为环境服务支付（Payment for Environmental Services，PES）。之后，国际自然保护联盟（IUCN）在 2009 出版的《生态服务支付：法律框架和制度》一书中，将 PES 解释成了生态服务支付（Payment for Ecosystem Services），认为这样更能体现环境所能提供的、综合性的和多样化的生态服务性质。

经历了两次修改。这些修改主要集中在强化激励力度和范围，如提高生态补偿资金、对年度空气质量连续两年达到国家《环境空气质量标准》的地方政府给予高额奖励等。相关环境空气质量生态补偿暂行办法已经在多个省市长期有效实施，其理念、总体框架和基本规则等一直未改变，可以说环境空气质量生态补偿法律机制是成熟和稳定的，取得了较好的生态环境效果和社会效果。其修改往往集中在激励方面。

　　环境空气质量生态补偿法律机制的出现是我国对生态补偿理论认识的加深和实践经验的积累。环境空气质量生态保护补偿属于生态补偿的一种新类型，但还存在补偿主体集中于政府、补偿类型缺乏横向补偿、市场参与度不足等问题。由政府主导的生态保护补偿带有行政命令的特点，具有启动速度快的优点，但效率不及市场主导的生态补偿。通过扩大环境空气质量生态补偿的主体，增加补偿类型，引入市场机制，环境空气质量生态保护补偿可以在政府的培育下发展起来。展望未来，环境空气质量生态保护补偿可以根据市场主体的需求，针对某一种或几种特定的大气污染物进行细化。赤水河流域的生态保护补偿机制发展迅速，保护补偿的类型丰富、主体多元，既有跨云南省、四川省、贵州省三省的《赤水河流域横向生态补偿协议》，包括了省际层面的流域上下游、左右岸生态补偿；也有《贵州赤水河流域水污染生态补偿暂行办法》，规定贵州省省内赤水河段上下游的毕节市和遵义市之间开展赤水河流域水污染生态保护补偿。本书通过调研发现，赤水河流域部分酒厂为保障酿酒水质，与酒厂采水口上游村庄达成水质生态保护补偿协议，对村民减少使用农药、化肥的行为和生活污水集中处理进行补偿。国外也有矿泉水公司对河流上游农庄提供水质保护生态补偿的案例。环境空气质量生态补偿也可以参照河流域生态补偿的一些成功做法，引导对空气质量有特殊要求的企业对周边污染物排放主体减排的行为进行生态保护补偿。

　　实践中还有很多关于新能源补贴、产业补贴等政策也可以起到促进环境空气质量改善。如新能源电价补贴提高了新能源发电企业生产的积极性，新能源发电量不断提升，不断替代燃煤火电，优化了我国能源消费结构，减少了温室气体以及大气污染物的排放量，有利于改善大气环境质量。然而其也存在补贴标准不稳定、补贴不及时、补贴与补偿定位争议等方面的问题，甚至还有大量骗取补贴的现象。所以我们要加强立法，理顺补贴与补偿的关系，协同其生态环境保护功能和产业发展功能；应依据不同类型生态补偿的特点，明确相关部门、地方政府的职责，增加市场主体的参与，按照权责一致、分类分级的原则，做好各类型、各层级生态保护补偿政策的配合，努力形成推动生态保护的合力。

第二节　完善约束机制

从法学的角度来看，生态补偿强调的是环境使用权的公平行使。其要求为了维护环境使用权的公平性可以充分运用经济手段，对生态环境保护者给予奖励，对生态环境破坏者予以处罚。从此出发，我们可以对生态补偿法律机制进一步细分，将生态补偿分为保护性补偿和约束性补偿。环境空气质量生态补偿法律机制是生态补偿法律机制中的一种类型，可以分为环境空气质量生态保护补偿和环境空气质量生态损害补偿。目前，我国比较重视的是生态保护补偿和环境损害赔偿，而对环境空气质量生态损害补偿应用较少。

生态损害补偿，本质上是一种"抑损型补偿"，其界定可源于生态损害。生态损害补偿，可以定义为因环境与自然资源的开发利用主体的合法开发利用行为，对大气、水、土壤等环境要素和植物、动物等生物要素造成不利影响，造成生态系统功能的退化等，开发利用者应进行补偿。补偿的具体方式是，开发利用者对其造成的生态损害直接进行生态修复，或支付生态修复资金由给政府或者企业代为实施生态修复等活动。可见，生态损害补偿主要是开发利用主体对其合法行为导致的环境负外部性损害进行的补偿。

以山东省为例，2014 年是其启动环境空气质量生态补偿法律机制的第一年，第一季度山东省财政用于补偿各设区市空气质量改善的资金有 7000 多万元。在因空气污染向省财政缴纳补偿金方面，2014年山东省各设区市共向省级财政上缴生态补偿金 413.5 万元。其中，2014 年烟台市因第二季度空气质量恶化而向省财政上缴生态补偿金最多，达到 156 万元；另外，临沂市、青岛市、枣庄市等 4 市也被罚。[1]在环境空气质量生态补偿法律机制运作过程中，山东省用于生态损害补偿的资金远低于用于生态保护补偿的资金，生态损害补偿应用不足非常明显。

另一方面，对与生态保护补偿相关的生态损害补偿不够重视。如前所述，国家虽然大力推行生态损害赔偿制度，但是生态损害赔偿与生态损害补偿是不同的机制，其适用的范围不同，实践中难以用生态损害赔偿取代生态损害补偿。2021 年发布的《关于深化生态保护补偿制度改革的意见》提出的改革目标是：到 2025 年基本建成与经济社会发展状况相适应的生态保护补偿制度，以生态保护成本为主要依据的分类补偿制度日益健全，并未对生态损害补偿做出具体规定。

我们通常认为，生态补偿由具有奖励性质的生态保护补偿和带有惩罚性质的生态损害补偿组成。在理论研究上，生态保护补偿机制被不断重视，但实践中的生态补偿多数是生态保护补偿。在生态损害方面，国家目前采取的措施是建立生态损害赔偿的试点。环境空气质量生态补偿法律机制也是以生态保护补偿为主导，各省市在实施环境空气质量生态补偿法律机制过程中，绝大多数生态补偿金是对环境空气质量同比改善的地区提供生态保护补偿奖励。本书认为，生态损害补偿在传递生态环境保护压力方面具有不可替代的作用，我们应当重视生态损害补偿的作用。因此，重视生态损害补偿可以从以下方

---

[1] 潘俊强. 空气恶化要缴生态补偿金：各地市去年向山东省财政缴生态补偿金 413.5 万元 [N]. 人民日报，2015-01-30.

面着手。

第一，在环境空气质量生态补偿法律机制下重视生态损害补偿。从法学视角来看，生态补偿是针对特定主体间因生态利益的相对增加或减少而实施的具有针对性的奖励和惩罚制度。生态补偿是基于公平原则对补偿责任人施加的一种法定义务。[1] 以公平与正义为理念的法律机制，需要引进制度化和常态化的奖励和惩罚制度，协调权利和义务。空气质量生态补偿采取环境质量奖惩倒逼机制属于长期机制。我们应该建立激励和约束并重的生态补偿机制，用经济手段推进大气污染防治攻坚，倒逼绿色发展。目前的环境空气质量生态补偿法律机制既包括生态损害补偿也包括生态保护补偿，理论上是一种激励和约束综合应用的机制。从激励方面看，其对生态保护行为给予直接的经济奖励，增强了对生态保护行为的肯定，并使之制度化、常态化。从惩罚方面看，其增加了生态损害补偿，有助于约束生态损害赔偿之外的损害公共生态环境利益的一般行为，填补了不足。目前，从环境空气质量生态补偿法律机制运行的效果来看，奖励和约束的力度不够平衡，主要表现为重奖励轻约束，需要进一步加大生态损害补偿的力度。

根据外部性理论，生态保护补偿体现了外部正效应，生态损害补偿体现了外部负效应。一定行政区域内的环境空气质量相比之前环境空气质量的改善，会对全省及其他地区造成外部正效应，会对全省及其他地区环境空气质量的改善做出"正贡献"。根据空气质量生态补偿的相关办法，我们可以依据环境空气质量改善的幅度获得生态保护补偿金。该省某行政区的空气质量相比之前有所降低，对全省及其他地区造成外部负效应，对全省及其他地区环境空气质量的改善产生"负贡献"。根据环境空气质量生态补偿暂行办法，我们应根据空气质量降低的幅度决定该地区如何向省财政缴纳生态损害补偿金。

环境空气质量生态补偿法律机制的出现，改变了以往各地区环境

---

[1] 黄锡生，张天泽.论生态补偿的法律性质[J].北京航空航天大学学报（社会科学版），2015, 28（4）：53-59.

空气质量改善或恶化的外部环境成本难以在经济社会发展成本中显现的缺陷。现有的环境空气质量生态补偿法律机制规定了激励与约束结果并定期公布，按季度或按月兑现。从总体上看，各地区获得的生态保护补偿金远多于生态损害补偿金，环境空气质量恶化的外部环境成本在目前的环境空气质量生态补偿法律机制的作用下还未完全体现。

第二，外部要注重与生态损害赔偿衔接。生态环境损害涉及环境要素和生物要素的不利改变，以及生态系统功能的退化，其范围广泛，甚至可以说人类的大多数活动都会造成生态环境损害。生态环境损害对我们建设生态文明，实现美丽中国的目标是一种阻碍，也直接、间接影响经济社会的健康发展和人民群众的日常生活。为了更好地保护生态环境，我们需要对因人类活动造成的生态损害进行人为干预，采取一定的经济赔偿或补偿措施。

我国的人身、财产损害赔偿法律制度体系经过不断修改，已经相对完整，个人的人身和财产与集体的财产因生态环境损害要求赔偿的权利得到保障。我国已经在部分省份开展生态环境损害赔偿制度改革试点，这些举措的主要目的在于解决我国之前存在的索赔主体不明确、评估规范不健全等诸多问题。在一些环境生态污染事件中，如渤海湾溢油污染、松花江水污染、常州外国语学校土壤污染等污染事件中，公共生态环境损害主体并未进行足够的赔偿，受损的生态环境未得到及时修复。"健全生态环境损害赔偿制度，使违法企业承担应有的赔偿责任，使受损的生态环境得到及时的修复，破解'企业污染、群众受害、政府埋单'的不合理局面。"[1] 因此，生态损害赔偿方面的试点方案是非常必要的。

我们应当看到，人类行为与活动所引起的生态环境损害是非常复杂的。环境科学研究根据损害环境与生态系统人类行为的不同，将生态损害分为三种类型，分别是过错行为导致的生态损害、非过错行为

---

[1] 黄润秋 . 改革生态环境损害赔偿制度 强化企业污染损害赔偿责任 [N]. 人民日报，2016-11-09.

导致的生态损害和历史积累性污染造成的损害。[1] 这些环境生态损害类型仅仅是理论上的划分，而实践中的环境生态损害非常复杂，呈现多种类型复合的状态。本书认为，在公共生态环境损害产生时，对难以纳入生态环境赔偿制度范围的行为，我们可以根据生态损害补偿制度进行应对。目前其在实际操作中遇到的主要问题为：生态保护补偿受到重视，生态损害赔偿也在有条不紊地开展，但对生态损害补偿却缺少相应的关注。

生态损害补偿适用于大气污染事件中生态损害因果关系较为复杂、污染责任主体界定困难、生态环境损害责任难以追究的情形。本书认为可以采用地方政府对行政区内生态环境负总责外，对重大的大气环境污染事件，应要求具体责任人作为义务人进行补偿，有效保护被破坏的生态环境。

总之，今后大气环境保护应当提高标准、加大力度，不能仅仅满足于轻微改善，应当以国家规定的《环境空气质量标准》（GB 3095–2012）二级标准为标杆衡量各地的环境空气质量是否达标。我们应当重视生态损害补偿，在追求更为公平的目标时，在环境空气质量生态补偿法律机制下提高环境空气质量生态补偿的力度，与环境损害赔偿相衔接。

第三节　国家层面下的环境空气质量生态补偿

山东省、湖北省、河南省、四川省、安徽省和银川市、邯郸市、贵阳市等省市为了贯彻落实国家规定，积极治理大气污染，在建构空气质量生态补偿法律机制时汲取了该行动计划的精神，以空气质量改善的程度为标准决定生态补偿金发放的方式、数量，建立长效机制。这种适度补偿、逐渐改善的长效机制较为温和，有利于经济新常态下

[1] 饶欢欢，彭本荣，刘岩，等.生态损害补偿与赔偿的科学及法律基础探析 [J]. 生态环境学报，2014，32（7）：1245–1270.

促进空气质量的改善。如山东省的《空气质量生态补偿暂行办法》第三条指出，以各设区的市4种污染物的平均浓度的季度同比变化情况为考核指标，根据国家的《大气污染防治行动计划》要求，以增加了的空气质量优良天数为新的考核指标。湖北省的规定与山东省稍有不同。《湖北省环境空气质量生态补偿暂行办法》制定了"环境空气质量逐年改善"与"年度目标任务完成"双项考核目标。该办法对纳入国家目标责任书的可吸入颗粒物（PM10）直接采取了能体现双目标的考核方式，分别将国家规定目标和本年度实际完成情况相比较，上年度考核季度平均浓度和本年度考核季度平均浓度相比较。

　　各省份都根据环境空气质量同比变化的情况决定生态补偿资金流向。在率先实行空气质量生态补偿的山东省，其是唯一依据，湖北省和河南省也将其作为主要依据之一。这种做法可以在一定时间内适用，但长远来看，还是应当以达到国家《环境空气质量标准》（GB 3095–2012）规定的二级标准为目标。对此，《中华人民共和国大气污染防治法》明确规定，地方各级人民政府应当使大气环境质量达到规定标准并逐步改善。可见，我国法律规定的是"达到规定标准并逐步改善"而不是逐步改善争取达到国家规定的标准。许多地方制定的办法只是部分体现了法律精神，规定达标城市即使其空气质量同比下降但仍然符合国家的环境空气质量标准可以不予处罚。如湖北省的暂行办法规定，PM10、PM2.5年平均浓度达到《环境空气质量标准》二级标准的地区，即便两种污染物平均浓度的月同比变化情况上升，按上述方法计算结果为负值，也可不扣缴环境空气质量生态补偿资金。在环境空气质量生态补偿法律机制今后的发展上，我国应充分落实法律精神，放弃逐步改善环境空气质量的目标，改为以达到国家规定的标准并逐步改善为目标。

　　要判断我国环境空气质量生态补偿法律机制由地方推向全国是否具有可行性，我们可以从环境空气质量生态补偿法律机制的一般基础和特别基础加以分析。一般基础主要指所有国家层面制度需要具备的基础条件，比如理念的确立、法律依据是否充分等。特别基础则是指环境空气质量生态补偿法律机制所面临的经济社会特定困难或问题能否解决，从而具备法律法规制定、实施的可行性。根据现有省市层面实践环境空气质量生态补偿法律机制遇到的问题，同时考虑到我国的实际情况，国家层面的环境空气质量生态补偿面临的特有障碍——主要是指环境空气质量生态补偿法律机制在经济社会的可接受性和运行的稳定性问题。

随着我国生态文明建设的不断推进，生态环境保护受到空前重视，相关的法律法规也在不断完善。2014 年修订的《中华人民共和国环境保护法》和 2015 年修订的《中华人民共和国大气污染防治法》分别被称为"史上最严的环境保护法"和"史上最严的大气污染防治法"。新修订的《中华人民共和国大气污染防治法》首次对建立、健全生态补偿制度进行了明确规定，其强调了大气污染综合治理、地方政府对本行政区域内的大气环境质量负责、应采取措施推动大气环境质量逐步改善直至达到规定标准、各级政府采取考核办法对本行政区域大气环境质量改善目标进行考核等法律规定，都为环境空气质量生态补偿法律机制的出台提供了直接法律依据，建构了法律基础。目前出台的各种省市层面的环境空气质量生态补偿法律机制，虽然从性质上看属于地方主导的制度创新，以地方政府规章的形式出现，但都于法有据，符合实体法的规定，具备完整的法律程序，拥有坚实的法律基础。这些基础同样可以支撑环境空气质量生态补偿法律机制以部门规章或行政法规的形式出现，从而适用于全国。

综上所述，随着生态文明建设的推进，环境空气质量生态补偿法律机制的出现正逢其时。经过数年的实践和修改完善，建构一个超越省级层面，在全国范围适用的环境空气质量生态补偿法律机制是建设生态文明综合治理大气污染的需要、健全生态补偿制度的需要、公平行使环境使用权的需要。如今，我国已经具备了充分的理论基础、坚实的法律基础，具有经济上的可接受性、社会可接受性，机制自身也已经逐渐成熟。本书认为可以在《生态补偿条例》中增加环境空气质量生态补偿法律机制方面的规定，再由国家生态环境主管部门以部门规章的形式制定详细的《环境空气质量生态补偿实施办法》，将相关规定进一步细化、具体化，落实条例的规定，指导环境空气质量生态补偿法律机制的实施。国家层面的环境空气质量生态补偿法律机制是必要的，也是可行的。

参考文献

（一）著作类

［1］郝吉明.大气污染及其防治 [M].北京：中国文化书院，1987.

［2］信春鹰.中华人民共和国环境保护法释义 [M].北京：法律出版社，2014.

［3］姜渊.《中华人民共和国大气污染防治法》规制目标研究：从不法惩治到环境质量目标 [M].北京：中国政法大学出版社，2020.

［4］李爱年.生态效益补偿法律制度研究 [M].北京：中国法制出版社，2008.

［5］拉斯基.国家的理论与实践 [M].王造时，译.北京：商务印书馆，1959.

［6］张文显.法理学 [M].北京：高等教育出版社，1999.

［7］卢梭.社会契约论 [M].何兆武，译.北京：商务印书馆，1980.

［8］陈真亮.环境保护国家义务研究 [M].北京：法律出版社，2015.

［9］黄锡生，史玉成.新编环境与资源保护法学 [M].重庆：重庆大学出版社，2019.

［10］丹尼尔·H.科尔.污染与财产权：环境保护的所有权制度比较研究 [M].严厚福，王社坤，译.北京：北京大学出版社，2009.

［11］格劳秀斯.论海洋自由或荷兰参与东印度贸易的权利 [M].马忠法，译.上海：上海人民出版社，2005.

［12］布雷恩·威廉·克拉普.工业革命以来的英国环境史 [M].王黎，译.北京：中国环境科学出版社，2011.

［13］黄锡生，李希昆.环境与资源保护法学 [M].重庆：重庆大学出版社，2011.

［14］蔡守秋.基于生态文明的法理学 [M].北京：中国法制出版社，2014.

［15］霍尔姆斯·罗尔斯顿.环境伦理学：大自然的价值及人对大自然的义务 [M].杨通进，译.北京：中国社会科学出版社，2000.

［16］奥尔多·利奥波德.沙乡年鉴[M].侯文蕙,译.长春：吉林人民出版社,1997.

［17］张恒山.义务先定论[M].济南：山东人民出版社,1999.

［18］汪劲.环境法学[M].4版.北京：北京大学出版社,2018.

［19］李步云.宪法比较研究[M].北京：法律出版社,1998.

［20］陈海嵩.国家环境保护义务论[M].北京：北京大学出版社,2015.

［21］陈慈阳.环境法总论[M].北京：中国政法大学出版社,2003.

［22］杰里·马肖.贪婪、混沌和治理：利用公共选择改良公法[M].宋功德,译.北京：商务印书馆,2009.

［23］刘小枫.现代性社会理论绪论[M].上海：上海三联书店,1988.

［24］亚历山大·基斯.国际环境法[M].张若思,译.北京：法律出版社,2000.

［25］王曦.国际环境法[M].北京：法律出版社,1998.

［26］唐双娥.环境法风险防范原则研究：法律与科学的对话[M].北京：高等教育出版社,2004.

［27］凯斯·R.孙斯坦.风险与理性[M].师帅,译.北京：中国政法大学出版社,2005：109.

［28］陈海嵩.解释论视角下的环境法研究[M].北京：法律出版社,2016.

［29］马克思,恩格斯.马克思恩格斯全集[M].中共中央马克思恩格斯列宁斯大林著作编译局译.北京：人民出版社,1972.

［30］穗积陈重.法典论[M].李求轶,译.北京：商务印书馆,2014.

［31］蔡守秋.生态文明建设的法律和制度[M].北京：中国法制出版社,2017.

［32］姚从容.公共环境物品供给的经济分析[M].北京：经济科学出版社,2005.

［33］孔繁德.生态保护概论[M].北京：中国环境科学出版社,2001.

［34］刘军宁,等.市场逻辑与国家观念[M].北京：生活·读书·新知三联书店,1995.

［35］保罗·R.伯特尼,罗伯特·N.史蒂文斯.环境保护的公共政策[M].2版.穆贤清,方志伟,译.上海：上海人民出版社,2004.

［36］陈德敏.环境与资源保护法[M].武汉：武汉大学出版社,2011.

［37］世界环境与发展委员会.我们共同的未来[M].王之佳,柯金良,等译.长春：吉林人民出版社,1997.

［38］张建辉,等.环境监测学[M].北京：中国环境科学出版社,2001.

［39］中国环境监测总站.环境空气质量监测技术[M].北京：中国环境出版社,2013.

［40］汪劲,等.类型化视角下的环境权利研究[M].北京：北京大学出版社,

2020.

　　［41］季卫东.法律程序的意义[M].北京：中国法制出版社，2004.

　　［42］谢伟.美国空气法若干问题研究：从命令—控制手段的视角[M].厦门：厦门大学出版社，2015.

　　［43］王曦.美国环境法概论[M].武汉：武汉大学出版社，1992.

　　［44］吕忠梅.超越与保守：可持续发展视野下的环境法创新[M].北京：法律出版社，2003.

　　［45］罗豪才.软法的理论与实践[M].北京：北京大学出版社，2010.

　　［46］赵正群，胡锦光.政府信息公开法制比较研究[M].天津：南开大学出版社，2013.

　　［47］肖卫兵.基层政府信息公开社会评议报告：以上海市X区为例（2014）[M].北京：经济日报出版社，2014.

（二）论文类

　　［1］周生贤.周生贤部长在第二次全国环保科技大会上的讲话（2012年3月31日）[J].环境保护，2012（9）:10–15.

　　［2］李挚萍.论以环境质量改善为核心的环境法制转型[J].重庆大学学报（社会科学版），2017，23（2）：122–128.

　　［3］周亚萍，安树青.生态质量与生态系统服务功能[J].生态科学，2001，20（C1）：85–90.

　　［4］徐祥民.地方政府环境质量责任的法理与制度完善[J].现代法学，2019，41（3）：69–82.

　　［5］张卉聪，穆治霖.以严格的法律制度向大气污染宣战：《中华人民共和国大气污染防治法（修订草案）》的亮点评析与完善建议[J].环境保护，2015（6）：45–47.

　　［6］刘明明.改革开放40年中国环境执法的发展[J].江淮论坛，2018（6）:27–33.

　　［7］邓可祝.重罚主义背景下的合作型环境法：模式、机制与实效[J].法学评论，2018，36（2）：174–186.

　　［8］宋国君.论中国污染物排放总量控制和浓度控制[J].环境保护，2000（6）:11–13.

　　［9］姜渊.大气污染防治法的法律模式探析：从不法惩罚到环境质量目标[J].北京林业大学学报（社会科学版），2017，16（2）：34–42.

　　［10］张诚谦.论可更新资源的有偿利用[J].农业现代化研究，1987（5）：22–24.

　　［11］史玉成.生态补偿制度建设与立法供给：以生态利益保护与衡平为视角[J].法学评论，2013，31（4）：115–123.

［12］黄锡生，张天泽.论生态补偿法律性质[J].北京航空航大大学学报（社会科学版），2015，28（4）：53–59.

［13］罗豪才，宋功德.现代行政法学与制约、激励机制[J].中国法学，2000（3）：77–88.

［14］倪正茂.激励法学要言[J].东方法学，2009（1）：3–17.

［15］马允.美国环境规制中的命令、激励与重构[J].中国行政管理，2017（4）：137–143.

［16］巩固.政府激励视角下的《中华人民共和国环境保护法》修改[J].法学，2013（1）：52–65.

［17］臧晓霞，吕建华.国家治理逻辑演变下中国环境管制取向：由"控制"走向"激励"[J].公共行政评论，2017，10（5）：105–128.

［18］徐祥民，时军.论环境法的激励原则[J].郑州大学学报（哲学社会科学版），2008（4）：42–46.

［19］黄晗，燕继荣.从政治指标到约束性指标：指标治理的变迁与问题[J].天津行政学院学报，2018，20（6）：45–53.

［20］杨斯悦，王凤，刘娜.《大气污染防治行动计划》实施效果评估：双重差分法[J].中国人口·资源与环境，2020，30（5）：110–117.

［21］徐祥民，刘卫先.环境损害：环境法学的逻辑起点[J].现代法学，2010，32（4）：41–49.

［22］王金南，刘倩，齐霁，等.加快建立生态环境损害赔偿制度体系[J].环境保护，2016，44（2）：26–29.

［23］曹明德.《中华人民共和国民法典》生态环境损害赔偿条款法理辨析[J].法律科学(西北政法大学学报)，2022，40（1）：58–72.

［24］唐晓晴.法律关系理论的哲学基础与教义结构[J].法治研究，2019(3)：109–119.

［25］赵承杰.英国对大气污染的法律调整[J].国外环境科学技术，1989(1)：88–92.

［26］孙春伟.法律关系客体新论[J].上海师范大学学报（哲学社会科学版），2005，34（6）：55–59.

［27］严厚福.塞拉俱乐部诉内政部长莫顿案的判决[J].世界环境，2006(6)：28–33.

［28］曹明德.从人类中心主义到生态中心主义伦理观的转变兼论道德共同体范围的扩展[J].中国人民大学学报，2002，16（3）：41–46.

［29］史玉成.生态补偿制度建设与立法供给：以生态利益保护与衡平为视角[J].法学评论，2013，31（4）：115–123.

［30］饶欢欢，彭本荣，刘岩，等.生态损害补偿与赔偿的科学及法律基础探析[J].生态环境学报，2014，23（7）：1245–1250.

［31］许庆明.试析环境问题上的政府失灵 [J].管理世界，2001（5）:195-197.

［32］徐祥民.论维护环境利益的法律机制 [J].法制与社会发展，2020，26（2）：72-85.

［33］蔡守秋.从环境权到国家环境保护义务和环境公益诉讼 [J].现代法学，2013，35（6）：3-21.

［34］龚向和.国家义务是公民权利的根本保障：国家与公民关系新视角 [J].法律科学（西北政法大学学报），2010，28（4）：3-7.

［35］杜承铭.论基本权利之国家义务：理论基础、结构形式与中国实践 [J].法学评论，2011，29（2）：30-38.

［36］吴卫星.环境权入宪的比较研究 [J].法商研究，2018，34（4）：173-181.

［37］王小钢.个体清洁空气权何以可能：兼论环境权利的宪法表达 [J].吉首大学学报(社会科学版)，2020，41（6）：48-55.

［38］徐以祥，李兴宇.环境利益在民法分则中的规范展开与限度 [J].中国地质大学学报（社会科学版），2018，18（6）：84-90.

［39］于柏华.权利认定的利益标准 [J].法学家，2017（6）：1-13.

［40］龚向，刘耀辉.基本权利的国家义务体系 [J].云南师范大学学报(哲学社会科学版)，2010，42（1）：76-83.

［41］陈真亮.论"禁止生态倒退"的国家义务及其实现：基于水质目标的法律分析 [J].中国地质大学学报(社会科学版)，2015，15（3）：55-65.

［42］席北斗，霍守亮，陈奇，等.美国水质标准体系及其对我国水环境保护的启示 [J].环境科学与技术，2011（5）：100-103，120.

［43］陈海嵩.国家环境危险防御义务的二元制度结构 [J].北方法学，2015，9（3）：53-63.

［44］朱岩.危险责任的一般条款立法模式研究 [J].中国法学，2009（3）：30-52.

［45］刘超.环境风险行政规制的断裂与统合 [J].法学评论，2013，31（3）：75-82.

［46］马国霞，周颖，吴春生，等.成渝地区《大气污染防治行动计划》实施的成本效益评估 [J].中国环境管理，2019，11（6）：38-43.

［47］朱明哲.生态文明时代的共生法哲学 [J].环球法律评论，2019，41（2）：38-52.

［48］韩卫平，黄锡生.利益视角下的生态补偿立法 [J].理论探索，2014（1）：125-128.

［49］王金南，苏杰琼，万军."绿水青山就是金山银山"的理论内涵及其实现机制创新 [J].环境保护，2017，45（11）：12-17.

［50］贺璇，王冰."运动式"治污：中国的环境威权主义及其效果检视 [J].

人文杂志，2016（10）：121–128.

［51］赵聚军，王智睿.职责同构视角下运动式环境治理常规化的形成与转型：以 S 市大气污染防治为案例 [J]. 经济社会体制比较，2020（1）：93–100.

［52］吕忠梅，田时雨.环境法典编纂何以能：基于比较法的背景观察 [J]. 苏州大学学报（法学版），2021，8（4）：2–14.

［53］张翔，段沁.环境保护作为"国家目标"：《联邦德国基本法》第 20a 条的学理及其启示 [J]. 政治与法律，2019（10）：2–16.

［54］龚微.大气污染物与温室气体协同控制面临的挑战与应对：以法律实施为视角 [J]. 西南民族大学学报 (人文社会科学版)，2017，38（1）：108–113.

［55］朱京安，宋阳.国际社会应对气候变化失败的制度原因初探：以全球公共物品为视角 [J]. 苏州大学学报（哲学社会科学版），2015，36（2）：59.

［56］王曦.论当前我国环境法制建设亟需解决的三大问题 [J]. 法学评论，2008，26（4）：110–115.

［57］刘艺.环境正义的司法治理路径探索 [J]. 中国法律评论，2019（2）：72–79.

［58］蔡守秋.公众共用物的治理模式 [J]. 现代法学，2017，39（3）：3–11.

［59］苟丽丽，包智明.政府动员型环境政策及其地方实践：关于内蒙古 S 旗生态移民的社会学分析 [J]. 中国社会科学，2007（5）：114–128，207.

［60］冉冉."压力型体制"下的政治激励与地方环境治理 [J]. 经济社会体制比较，2013（3）：111–118.

［61］张云飞.统筹兼顾：生态文明建设的战略思维 [J]. 理论学刊，2012（4）:85–89，128.

［62］胡鞍钢，周绍杰.绿色发展：功能界定、机制分析与发展战略 [J]. 中国人口·资源与环境，2014（1）：14–20.

［63］王宗爽，武婷，车飞，等.中外环境空气质量标准比较[J].环境科学研究，2010，23（3）：253–260.

［64］蔡守秋.中国环境监测机制的历史、现状和改革 [J]. 宏观质量研究，2013，1（2）：4–9.

［65］李兰英，雷堂.论严重不负责任 [J]. 河北师范大学学报 (哲学社会科学版)，2000，(4):117–120.

［66］王晓彦，杜丽，解淑艳.《环境空气质量手工监测技术规范》修订思路探讨 [J]. 环境与可持续发展，2018，43（2）：96–97.

［67］陈海嵩.论程序性环境权 [J] 华东政法大学学报，2015（1）：103–112.

［68］李永盛，张祥建.环境信息公开有助于我国的污染防治攻坚战吗？ [J]. 中国环境管理，2020，12（1）：87–94.

［69］王华，郭红燕，黄德生.我国环境信息公开现状、问题与对策 [J]. 中国环境管理，2016（1）：83–91.

［70］方印. 从"旧三角"到"新三角"：环境信息法权结构变塑论 [J]. 法学论坛，2020，35（5）：18-28.

［71］王灿发，林燕梅. 我国政府环境信息公开制度的健全与完善 [J]. 行政管理改革，2014（6）：27-32.

［72］申进忠. 我国环境信息公开制度析论 [J]. 南开学报（哲学社会科学版），2010（2）：48-55.

［73］孟强龙. 行政约谈法治化研究 [J]. 行政法学研究，2015（6）：99-118.

［74］孙昕聪，黄靖，魏姝. 环保约谈机制对政策执行效果的影响：基于40个地级市空气治理案例的比较分析 [J]. 城市问题，2020（11）：68-81.

［75］王利. 我国环保行政执法约谈制度探析 [J]. 河南大学学报（社会科学版），2014，54（5）：62-69.

［76］郭少青. 环境行政约谈初探 [J]. 西部法学评论，2012（4）：1-8.

［77］郭兆红. 认识和解决环境问题应摒弃"环境想象" [J]. 南京林业大学学报（人文社会科学版），2016，16（4）：79-87.

［78］刘玉凡，王春轶，岳树民. 关于生态公益林补偿机制的探讨 [J]. 中国林业，1998（6）：34.

［79］程玉. 论我国京津冀区际大气环境生态补偿：依据、原则与机制 [J]. 中国环境法治，2015（1）：15-26.

［80］豫鲁签订黄河流域首份省际横向生态补偿协议 [J]. 中国环境监察，2021（5）：9.

［81］沈洪涛，周艳坤. 环境执法监督与企业环境绩效：来自环保约谈的准自然实验证据 [J]. 南开管理评论，2017，20（6）：73-82.

［82］邓可祝. 美国州际环境合作及启示 [J]. 环境保护，2012，40（18）：69-71.

（三）外文类

［1］Lynda Collins.Are we there yet ？ The right to environment in international and European law[J].McGill International Journal of Sustainable Development Law and Policy，2007，3（2）：119-153.

［2］Jintai Lin，Da Pana，Steven J. Davisb.etc. China's international trade and air pollution in the United States[J]. Proceedings of the National Academy of Sciences of the United States of America，2014，111（5）：1736-1741.

［3］Carol Rose. The comedy of the commons: Custom，commerce，and Inherently public property[J].The University of Chicago Law Review，1986，53（3）：711-781.

［4］Fairman Raboy，Yapp charlotte. Enforced self — regulation，prescription，and conception of compliance Within Small Business: The Impact of enforcement[J].Law

& Policy，2005，27（4）：491–519.

（四）其他类

［1］李禾. 每年死于空气污染人数超过交通意外 [N]. 科技日报，2019–04–17.

［2］杨朝飞. 我国环境法律制度和环境保护若干问题 [N]. 中国环境报，2012–01–05.

［3］冯杰，汪韬.“开窗”求解环境群体性事件 [N]. 南方周末，2012–11–29.

［4］寇江泽. 完善生态补偿，共护绿水青山 [N]. 人民日报 .2021–09–22.

［5］罗豪才. 现代行政法制的发展趋势 [M]. 北京：法律出版社，2004.

［6］殷鹏. 四川省修订空气质量激励约束考核办法 [N]. 四川日报，2020–03–23.

［7］郄建荣. 环保部官员称政府不作为等系环保顽疾主要根源 [N]. 法制日报，2011–11–15.

［8］黄润秋. 改革生态环境损害赔偿制度 强化企业污染损害赔偿责任 [N]. 人民日报，2016–11–09.

［9］潘俊强. 空气恶化要缴生态补偿金：各地市去年向山东省财政缴生态补偿金 413.5 万元 [N]. 人民日报，2015–01–30.

［10］金朝力.IQAir 发布《2020 年全球空气质量报告》[N]. 北京商报，2021–03–16.

［11］黄茂钦. 依靠法治方式实现基本公共服务均等化 [N]. 中国社会科学报，2014–04–02.

［12］杨燕玲. 全力打造山水林田湖草沙冰保护和系统治理新高地 [N]. 青海日报，2021–10–27.

［13］陈建军. 统筹山水林田湖海湿地系统治理 [N]. 广西日报，2020–09–25.

［14］姚凡. 统筹山水林田湖草系统治理，一体推进治山、治水、治气、治城 [N]. 太原晚报，2021–10–08.

［15］秦京午. 我国沙尘暴半数源于蒙古 [N]. 人民日报海外版，2002–02–05.

［16］周生贤. 深化大气污染防治，大力推进生态文明建设 [N]. 中国能源报，2013–07–29.

［17］黄冲，韩雪莹.63.6% 受访者期待雾霾治让普通人直观感受到效果 [N]. 中国青年报，2016–11–08.

［18］白雪. 各地污染源信息公开不平衡总体平均分仍未过 50[N]. 中国经济导报，2016–10–14.

［19］励漪，余荣华，陈亚楠，等. 环保 APP，数据打架该信谁？[N]. 人民日报，2013–12–09 .

［20］卞蕾，万薇. 美国睦邻条款的演进和完善 [N]. 中国环境报，2021–01–

18.

　[21] 曹红艳. 生态环境保护主要目标任务基本完成："十三五"我国生态环境质量总体改善 [N]. 经济日报，2020-10-22.

　[22] 张蕾.24 城启动重污染天气红色预警响应 [N]. 光明日报，2016-12-20.

　[23] 中国社会科学院语言研究所词典编辑室. 现代汉语词典 [Z].7 版. 北京：商务印书馆，2016.